서울의
재발견

국립중앙도서관 출판시도서목록(CIP)

도시인문학 강의: 서울의 재발견 /
지은이: 승효상, 오영욱, 조한, 권기봉, 조용헌,
로버트 파우저, 이현군, 유재원. 고미숙. -- [고양]:
페이퍼스토리, 2015
    p. ; cm

ISBN 978-89-98690-05-2 03910 ₩16000

도시 사회학[都市社會學]
서울(특별시)

331.47-KDC6
307.76-DDC23   CIP2015015356

서울의 재발견

초판 1쇄 발행 2015년 8월 31일
초판 4쇄 발행 2021년 2월 10일

지은이 승효상 오영욱 조한 권기봉 조용헌 로버트 파우저 이현군 유재원 고미숙
기획 서울연구원 **진행** 전말숙 **사진** 이인애 박진선 이원영
펴낸이 오연조 **디자인** 성미화 **경영지원** 김은희

펴낸곳 페이퍼스토리 **출판등록** 2010년 11월 11일 제 2010-000161호
주소 경기도 고양시 일산동구 정발산로 24 웨스턴타워 T1 707호
전화 031-926-3397 **팩스** 031-901-5122
이메일 book@sangsangschool.co.kr

ISBN 978-89-98690-05-2 03910

© 서울연구원, 2015

도시인문학 강의

서울의
재발견

승효상·오영욱·조 한·권기봉·조용헌
로버트 파우저·이현군·유재원·고미숙

페이퍼스토리

우면산 숲속의 서울 이야기

1992년에 설립된 서울연구원은 서울의 도시문제를 파악하고 진단하여 대안을 제시하는 전문 연구기관입니다. 오늘의 정책 현안은 물론, 미래의 정책 방향도 기획하면서 서울시민이 행복한 서울을 만들기 위해 노력하고 있습니다. 이에 시민에게 직접 다가가는 작업으로 2013년부터 '도시인문학 강의'를 열어 시민들과 함께하고 있습니다.《서울의 재발견》은 그동안 진행된 도시인문학 강의를 압축하고 주제에 맞춰 새롭게 구성해 쉽고 재미있게 읽을 수 있도록 엮은 책입니다. 서울을 아우르는 내용을 중심으로 하되 서울과 도시에 대한 독특한 주제의 강의를 선정하였으며 마지막 장에는 '서울 시민의 행복 철학'이라는 주제로 박원순 시장과 고미숙 선생의 대담을 수록하였습니다.

이야기가 살아 있는 도시는 영원하고 이야기가 사라지는 도시는 멸망한다고 했습니다. 서울은 깊고도 넓으며 많은 사람들이 살고 있습니다. 서울은 성장했지만, 이야기를 만들어내는 데에는 아직 서툰 듯합니다. 일상 속에서 잊고 살았던 소중한 것들에 대하여 가치를 부여하고 시간과 공간, 사람들의 일상을 이야기하면 좋겠습니다. 우리의 이야기가 모여 서울의 이야기(Story)가 될 것이고 훗날 서울의 역사(History)로 기억될 것입니다.

책이 나오기까지는 많은 분들의 도움이 있었습니다. 숲속 강의에 함께해주신 강사님들께 감사드립니다. 도시인문학 강의를 거듭하면서 시민과 소통하고 시민에게 다가가려고 노력하였습니다. 지난 2년 동안 우면산 숲속을 사용할 수 있게 해주신 서울시 인재개발원과 강의 내용을 취재해 실어주신 레몬트리에도 감사를 드립니다. '숲에서 책을 만나다'라는 프로그램으로 진행되면서 서울도서관의 도움도 컸습니다. 강의모음집 발간을 위하여 강의를 선정하고 녹취 원고를 꼼꼼히 정리하여 아름답게 책을 만들어 주신 페이퍼스토리 출판사에도 고마움을 전합니다. 무엇보다 행사를 풍부하고 의미 있게 각인시켜준 수강생 여러분께 무한한 감사 인사를 전합니다. 자발적으로 참여하고 진지하게 경청하였고 사려 깊은 질문과 대답에도 적극적이었습니다. 이 책은 이들 모두의 것입니다.

2015년 김 수 현 (서울연구원 원장)

차례

승효상

지문地文의 도시, 서울

이로재 건축사무소 승효상 대표는 독보적인 건축미학을 선보이면서 스승인 고故 김수근 이후 최고의 건축가로 불리고 있다. 2014년부터 서울시 총괄건축가로 임명되어 서울 건축의 정체성을 확립하는 데 역점을 두고 있는 그는 서울 성곽을 복원시켜 서울을 역사도시와 신도시로 나누고 싶어 한다. '빈자의 미학'을 실천하며 삶의 질을 높이는 건축에 대해 늘 고민하는 건축가 승효상이 그리는 서울은 어떤 모습일까?

제1강
지문地文의 도시, 서울

인간은 땅 위에 거주함으로써 존재한다

오늘 저는 우리가 사는 도시 서울의 건축을 어떻게 봐야 할까를 말씀드리고 서울에 관한 제 생각을 여러분과 함께 나누려고 합니다.

하이데거(Martin Heidegger, 1889~1976)는 "거주한다는 것은 개인과 세상의 평화로운 조화다. 인간은 거주함으로써 존재하며 거주는 건축함으로 장소에 새겨진다"고 했습니다. 서양의 어떤 철학은 그리스 시대 이래로 인간의 존재에 관해서 다루며 인간의 존재는 이성에서 비롯된다고 줄곧 믿어왔습니다. 이성, 로고스, 이데아, 아르케 등이 인간 존재의 근본이었는데 하이데거에 이르러서 인간은 땅 위에 거주해야 존재할 수 있다고 한 것입니다. 처음으로 공중에서 땅으로 내려온 것입니다. '인간은 땅 위에 거주함으로써 존재한다.' 저는 이 말을 좋아하고, 동의합니다.

도시의 기원

인류 역사가 100만 년 정도 되는데, 그중 도시의 역사는 1만 년 정도 됩니다. 성경을 보면 팔레스타인에 '여리고Jericho'라는 고분古墳이 있는데 BC 8000~9000년에 사람들이 무리를 지어 살았다고 하는 기록이 있습니다. 그 터가 발굴된 건 BC 7000년경이며 터키 아나톨리아Anatolia 고원 위의 '카탈후유크Catal Huyuk'라는 곳입니다. 당시에는 산등성이에 흙으로 된 집을 지었습니다. 지붕이 공공 영역이고 공공 영역 중 구멍을 판 부분으로 사다리를 타고 내려가면 사적 영역입니다. 또 중국 산시성山西省에 가보면 8000~9000년 전에 지어진 주거지의 형태가 아직 존재하며 사람이 살고 있습니다. 1만 년 전이나 지금이나 주거 형태가 다를 바 없다는 사실을 눈여겨볼 필요가 있습니다.

도시는 여러 가지 내부의 기능이 있습니다. 도시를 다스리는 사람이 있

| 카탈 후유크

고 시민이 있고 생산하는 곳도 있고 통치하는 곳도 있습니다. 이런 것들을 갖춘 도시가 우르^{Ur}였습니다. 성경의 아브라함이 이곳 출신입니다. BC 3500년경에 있던 도시인데, 발굴된 내용의 평면도를 색으로 한 단위를 구분해봤더니 주거지역이 조밀한 골목길에서 빵집이나 상점 같은 크고 작은 집들이 모여 있습니다. 전부 2층집으로 빈부의 차이 없이 같이 어울려 살아서 소셜믹스가 이미 이루어져 있습니다. 제가 건축가로서 저런 커뮤니티를 설계할 수 있을까 싶을 정도의 훌륭한 설계입니다. 또 이집트 쿠푸왕의 피라미드를 설계할 당시 노동자가 머문 숙소의 평면도를 보면 숙소가 정연하게 이루어져 있습니다. 이는 20세기 최고의 건축가인 프랭크 로이드 라이트 (Frank Lloyd Wright, 1867~1959)가 설계한 아파트의 정교함과 비교하여 전혀 꿀릴 게 없는 공간 배열을 가지고 있어 건축이나 도시가 과연 발전만 하는 것일까 의구심이 들기도 합니다.

| 폼페이

이에 더 확신을 갖게 된 건 폼페이Pompeii입니다. 폼페이는 AD 79년 베수비오Vesuvio 화산 폭발로 멸망했습니다. 로마 사람들의 휴양지로 알려졌던 폼페이는 제가 아는 도시 중에 최고라 할 수 있습니다. 정치, 경제, 여가, 가족끼리의 결속, 소셜믹스, 민주주의 등 도시적 요소가 다 갖추어져 있는 도시였습니다. 비옥한 땅 위에 서 있는 도시라 풍부한 물자가 넘쳐났으며 모든 사람들이 즐거운 일상을 누리는 곳이었습니다. 심지어 골목길을 돌아가면 사창가도 있고 빈부나 신분의 차이가 나지 않는 도시였습니다. 그 당시 집들이 오늘날 우리가 짓는 집과 거의 비슷한 정도라고 합니다. 폼페이 같은 도시야말로 더 이상 발전할 수 없어서 혹시 하늘의 시기를 받아 멸망한 게 아닐까 하는 생각도 듭니다.

중세의 도시

르네상스를 문예부흥기라고도 하는데, 건축에서도 혁명적인 시기였습니다. 르네상스 최고의 건축가 안드레아 팔라디오(Andrea Palladio, 1508~1580)가 설계한 빌라 로톤다Villa Rotonda라는 집이 있습니다. 빛이 가득한 언덕 위에 정사각형의 평면을 놓고 한가운데를 점거하면서 자기가 세상에서 가장 중심된 자라고 인식하게 해주는 집입니다. 집주인은 은퇴한 가톨릭 사제입니다. 내부벽에 온갖 신들이 조각되어 신들의 보호를 받는 자신이 세상에서 가장 귀하고 유일한 존재라고 느꼈을 것입니다. 이 집은 서양 건축사에 큰 영향을 끼쳐서 이후 많은 서양 건축의 텍스트가 됩니다. 그래서 이런 집은 항상 언덕 위에 세워지고 주변에 군림하듯이 서 있는 것이 정당해 보입니다. 서양의 집들이 높은 위치에 우뚝 서기를 기대하는 게 바로 이런 이유에서입니다.

| 빌라 로톤다

    도시도 마찬가지입니다. 르네상스 시대에 만들어진 도시계획도를 보면 도시의 성격을 알 수 있습니다. 주변은 적입니다. 그래서 해자를 팠죠. 성벽을 높게 쌓고 방사형으로 치밀한 조직을 만들고 한가운데에 도시를 다스리는 봉건 영주의 집을 둡니다. 봉건 영주의 안전이 도시의 안전으로 집결되는 단일 중심의 도시입니다. 근대화 과정을 통해 성벽은 없어졌지만 주춧돌이 남아서 우리에게 전해지고 있습니다. 이 도시가 베니스에서 10킬로미터 아래쪽에 건설되었는데, 그 당시 유럽의 방방곡곡에 이런 도시가 지어졌다고 합니다.

    토머스 모어의 《유토피아Utopia》에 나오는 그림을 보면 유토피아는 섬처럼 고립될 수밖에 없습니다. 유토피아를 가려면 배를 타야 하는데 출입구는 한 군데밖에 없고 이를 통해 들어가려면 높은 감시 망루에서 체크를 받아

I 중세 유럽의 방사형 도시

야 합니다. 겨우 뚫고 들어가면 또 해자가 있습니다. 곳곳에 감시 망루를 헤치고 들어가면 한가운데에는 유토피아를 다스리는 봉건 영주가 사는 집이 있습니다. 이것이 르네상스인들이 그린 유토피아의 실상이었다고 합니다. 사실 토머스 모어는 유토피아 사상을 비판하려고 책을 썼는데, 모순되게도 르네상스인들에게 큰 영향을 줘서 수많은 도시계획도가 만들어졌습니다. 형식은 조금씩 다르지만 내용은 똑같습니다. 주변은 완강한 성벽으로 둘러싸고 내부는 치밀하게 조직해서 한가운데는 도시를 다스리는 봉건 영주가 사는 체계, 이것이 단일 중심을 갖고 있는 봉건도시의 실상이었고 이상도시라는 그들의 믿음대로 곳곳에 퍼지게 됩니다.

또 하나의 특징이 있습니다. 평면도가 기하학적입니다. 기하는 인간의 이성에서 비롯된 도형입니다. 이 도형을 실현하기 위해서는 평지의 땅을 찾을 수밖에 없습니다. 특별한 군사 방어 목적으로 산지에 세웠거나 혹은 자연발생적으로 생긴 도시를 제외하고는 유럽의 계획 도시는 모두 평지에 세워집니다. 이렇게 도시의 출발이 우리와 근본적으로 다릅니다.

근대도시와 마스터플랜

근대에 들어서도 단일 중심의 도시에 대한 믿음은 변하지 않습니다. 1700년대 초에 르두(Claude-Nicolas Ledoux, 1736~1806)가 만든 제형공장을 중심으로 한 도시도 모양은 정방형이 몇 개 겹친 도시이지만 내용은 같습니다. 혹은 19세기 들어와서 에버니저 하워드(Ebenezer Howard, 1850~1928)가 만든 전원도시도 도시를 분산하고자 했지만 모(母)도시나 자(子)도시 모두 다 안이 중심이 되는 도시를 배치하는 이론과 다를 바가 없습니다.

　20세기 들어서도 마찬가지였습니다. 1924년 르 코르뷔지에(Le Corbusier, 1887~1965)가 그린 파리 도시설계도를 보면, 아파트와 나무가 있고 여기에 연예인 한 명만 서 있으면 현대적인 아파트 광고와 비슷해 보이는 그림입니다. 코르뷔지에의 이 제안은 당시 혁명적이었습니다. 지금도 파리에 가 보면 7, 8층짜리 건물들이 빽빽하게 들어차 있긴 하지만 공원도 많습니다. 1923년 파리의 도시 상황은 열악했습니다. 빛과 바람이 전혀 통하지 않고 도시는 오물로 넘쳐나는데 '건물을 다 허물고 고층건물을 지어서 건물과 건물 사이에 공간을 두어 녹지를 만들고 교외에서나 즐길 수 있었던 피크닉을 도심에서도 즐기게 하자', 이것이 새로운 도시, 우리가 살아야 할 도시라고 주장합니다. 실제로 코르뷔지에가 주장했던 파리 개조 계획은 도심을 지우개로 지우듯이 다 지우고 3, 4층짜리 아파트를 지어 300만 명이 살게 하자는 것이었습니다. 이 계획은 실현되지는 않았지만, 이후 선풍적인 인기를

| 코르뷔지에가 프랑스 파리 시가지 개선을 위해 그린 도시설계도

끌며 새로운 도시를 세울 때 받아들여집니다.

최근 도시계획도들의 특징은 색깔이 입혀져 있다는 점입니다. 빨간색은 상업지구, 노란색은 주거지구, 보라색은 공업지구 등으로 색이 입혀지는 순간 땅의 등급이 매겨져 건폐, 용적률이 달라지고 땅값이 차이가 나게 됩니다. 그리고 도로도 고속도로부터 자동차전용도로, 간선도로, 분산도로, 심지어 골목길까지 도로폭, 차량 속도 등에 제한을 두고, 도로변 건물의 종류와 높이와 크기까지 제한을 두어 이를 어기면 벌금을 물게 합니다. 이는 철저히 계급적으로 만든 것입니다. 도시의 구조 자체도 도심, 부도심, 변두리가 있어서 위계적으로 만들었습니다. 이 사상을 주장하던 시대는 20세기 초반 모더니즘이 성행하던 시기입니다. 모더니즘이란 인간의 이성과 합리를 최대의 도덕적 가치로 세우고 통계적 수치에 근거해서 모든 사람의 행동을 과학과 통계에 의해 분류하고 집합시키는 사조입니다. 우리의 삶이 분리되고 계급화되어서 점점 도시 갈등이 심해진 게 이 마스터플랜의 여파라고 20세기 중반부터 도시사회학자들이 비판하기 시작했습니다.

1957년에 세인트루이스에 아름다운 주거지라는 평판을 받았던 프루이

| 프루이트 아이고 전경 | 1972년 프루이트 아이고 폭파 철거 장면

트 아이고^{Pruitt-Igoe} 주거단지가 세워졌습니다. 일본계 미국인 건축가인 미노루 야마사키(Minoru Yamasaki, 1912~1986)가 설계한 이곳은 11층짜리 33개의 동이 세워지자마자 미래도시의 표본이라는 칭찬을 받았습니다. 모더니즘에 입각한 계급적 분류로 만들어진 이 주거단지에 5년이 채 지나지 않아 어느 흑인의 살인 사건이 벌어지게 됩니다. 이 사건을 기점으로 흉악한 범죄가 계속 일어나서 10년 후 이곳은 세인트루이스에서 가장 위험한 범죄의 소굴이 되고 말았습니다. 이를 견디지 못한 주 정부는 1972년에 이 단지를 다이너마이트로 폭파시키고 맙니다. 이를 보고 제인 제이콥스(Jane Jacobs, 1916~2006)는 폭파가 일어난 시, 분까지 가리키면서 모더니즘의 종말을 고한 날이라고 선언했습니다. 이후 서양에서 마스터플랜은 더 이상 유효하지 않게 되었습니다. 불행하게도 이게 우리나라에 들어옵니다.

한국과 마스터플랜

18세기에 만들어진 서울의 지도 〈수선전도^{首善全圖}〉와 20세기에 만들어진 서울의 지도를 비교해보면 같은 땅을 두고 표현하는 방법이 다릅니다. 〈수선

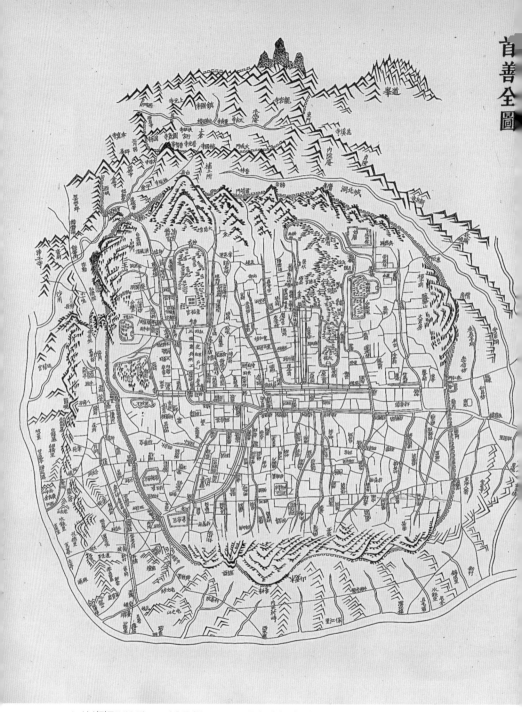

首善全圖

Ι 〈수선전도 首善全圖〉 1840년대, 목판본, 80.3×65cm, 국립중앙박물관 소장

전도)는 남쪽으로 한강을 한계로 하여 북쪽으로 도봉산, 서쪽으로 마포 성산리, 동쪽으로 안암동 답십리까지 포함하고 있습니다. 도봉산, 북한산에서 뻗어내린 산세가 잘 표현되어 있고 도성 내부를 흐르는 청계천 모습도 상세하게 그려져 있습니다. 무엇보다 북한산의 세 봉우리가 뚜렷하게 부각된 점이 이채롭습니다. 위에 삼각산(북한산), 북악산, 오른쪽에 낙산, 밑에 남산 그리고 가운데 청계천이 흐르는 모습이 아름다운 산수화 같습니다. 여기서 사는 모습도 아름다웠으리라고 짐작하는 게 그리 어렵지 않습니다.

　반대로 같은 땅인데 20세기에 그려진 도시계획도를 보면 붉은색, 노란색, 파란색 칠을 해서 땅을 구분합니다. 어디에 산이 있고 물길이 있는지는 알 수가 없습니다. 선들은 사람이 다니는 길이 아니고 재화가 유통되는 경로입니다. 마치 여기서는 생존투쟁을 위한 음모와 술수가 벌어지고 있는 듯한 느낌을 받게 됩니다. 이 구지도 위에서 만들어진 풍경이 바로 100년 전 마포의 모습입니다. 산과 물과 집들이 하나의 풍경처럼 되어 있습니다. 그리고 제가 사는 대학로는 최근에 서민아파트가 철거되어 없어지긴 했지만 위에는 서민아파트, 아래는 단독주택, 그 아래는 국적불명의 도시 건축들이 존재하면서 이 세 개의 라인이 타협할 수 없는 대결의 전선을 형성하고 있습니다. 우리 사회에 여러 가지 갈등이 많은데 우리가 잘못 만든 도시 공간 구조에도 원인이 있다고 생각합니다.

서양의 관점과 비서양의 관점

르네상스 당시 서양인들 관점에서 세계를 보는 시각이 완성되었습니다. 그 중에 투시도법이 있습니다. 건축가 브루넬레스키(Filippo Brunelleschi, 1377~1446)가 만든 것으로, 그림을 그리는 새로운 방법이었습니다. 여기에 한 사

| 〈아테네 학당〉

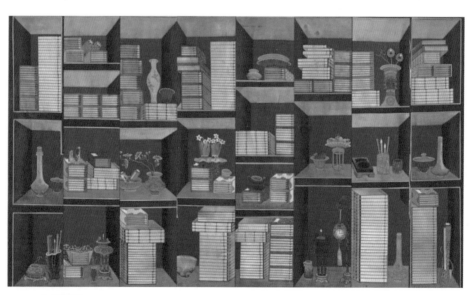

| 〈책가도〉

람이 서 있습니다. 스탠딩포인트Standing point, SP에 서 있는 이 사람의 눈으로 보는 모든 각도의 선들이 소실되어 들어옵니다. 이렇게 표현된 공간의 각도는 하나만 있는 게 아닐 겁니다. 수없이 많은 각도가 있을 텐데, 그 각도는 여기에 서 있는 사람만이 볼 수 있습니다. 다른 사람하고 공유하기 싫어하는, 그래서 나만이 소유한 세계를 그린 게 투시도법의 핵심 내용입니다.

영국의 문화비평가 존 버거(John Berger, 1926~)의 책《다른 방식으로 보기 Ways of seeing》가 있습니다. 우리가 투시도법에 익숙해진 이후부터 얼마만큼 세상을 왜곡하여 보게 되었는지를 비판하는 것으로 이 책은 시작됩니다. 라파엘로의 〈아테네 학당〉을 보면 한 사람의 시선으로 세계가 들어옵니다. 위치를 벗어나면 그림은 이렇게 보이지 않습니다. 따라서 그림은 단 한 사람만이 소유한 세계를 나타내고, 이것이 르네상스인들이 세계를 보는 방법이었습니다.

우리 선조 중 한 사람이 다른 종류의 그림을 이야기합니다. 19세기에 이름 모를 사람이 그린 8칸의 책장 그림이 있습니다. 하나의 그림이니까 한 점으로 모든 선들이 소실되어야 하는데 이 그림은 각 칸마다 중심이 다 따로 있습니다. 그뿐만 아니라 칸에 보이는 사물들은 공간의 중심을 따르지 않고 자기의 중심을 향해서 나아갑니다. 세상의 모든 공간과 사물이 자기 중심을 갖고 있다는 걸 믿지 않으면 이런 그림을 그릴 수 없습니다. 적어도 이 사람이 믿고 있는 세계는 단일 중심의 공동주의 사회가 아니라 모든 사람이 주인이 되는 다원적 민주주의 체제의 세계입니다. 따라서 단순한 그림의 이야기가 아니라 우리가 사는 도시와 건축, 그리고 사회까지 확대해서 이야기할 필요가 있습니다.

모로코에 마라케시Marrakech라는 도시가 있습니다. 마당을 중심으로 집들이 벌집처럼 붙어 있는데 자세히 보면 무질서하게 붙어 있는 게 아니라 하나의 원칙이 있습니다. 열 채 정도가 하나의 단위가 되어 빵집 하나, 우물 하나, 생존에 필요한 최소의 공공시설을 중심으로 모여서 기본적인 도시 단위를 이룹니다. 그리고 이 단위가 증식되면서 전체를 이룹니다. 이 도시는 어떤 부분이 덧대어져도 관계없고 한 부분이 없어져도 상관없습니다. 열 채 정도의 한 단위만 남아 있으면 이 단위를 도시라고 하는 겁니다. 물론 여기에 주거지역, 상업지역, 공업지역이라고 하는 분류도 없고 중앙광장, 중앙로 같은 봉건주의의 잔재를 나타내는 단어도 없습니다. 골목길은 미로 같아서 모르는 사람이 들어가면 찾을 수 없을 정도지만 그곳에 사는 사람은 아무 문제가 없습니다.

독일의 철학자 발터 벤야민(Walter Benjamin, 1982~1940)은 제임스 조이스(James Joyce, 1882~1941)의 《율리시즈Ulysses》를 좋아하는 이유가 '어느 페이지부터 시작해도 전체의 줄거리를 다 알 수 있어서'라고 합니다. 마찬가지로 자신이 좋아하는 도시는 '구석을 파악하는 것으로 도시 전체를 파악할 수 있는 도시'이고, 그 도시가 민주주의의 도시라고 했습니다. 하나의 개체가 전체와 맞먹는 가치를 가지는 도시, 개인이 전체와 동등한 가치를 가지는 도시가 민주주의를 가진 도시라는 것인데, 마라케시가 바로 그렇습니다. 마라케시는 1792년에 건설되어 1,200년이 지난 지금까지도 지속되고 있습니다. 제가 보기에는 앞으로도 1,000년 동안 끄떡없이 지속될 것 같습니다. 지속가능한 도시는 바로 이런 도시를 의미하는 것입니다.

달동네와 윤리의 건축
이런 도시를 알기 위해서 모로코까지 갈 필요가 없습니다. 우리 주변에도 많습니다. 달동네입니다. 도시계획가나 건축가가 세우지 않고 주민 스스로가 세운 동네입니다. 달동네는 산비탈에 있기 때문에 공간이 더 역동적입니다. 달동네 사람들은 가진 것이 적습니다. 그래서 많은 부분을 나눠 쓰면서살 수밖에 없습니다. 달동네 길은 사람이 다니기 위한 통로만이 아니라 공공영역이 펼쳐지는 곳입니다. 넓은 곳은 시장이 되고 후미진 곳은 놀이터가되고 긴 곳은 빨래터가 됩니다. 물론 달동네는 재개발되어야 합니다. 인프라도 열악하고 위생적으로 좋지 않고 위험하기도 합니다. 이런 이유로 달동네는 재개발의 손쉬운 대상이 되어왔습니다.

저는 금호동 달동네를 좋아합니다. 에게해의 산토리니Santorini 섬을 흔히'하늘 아래 가장 아름다운 동네'라고 하는데 산토리니의 구조나 달동네의구조나 제가 보기엔 다를 바 없어 보입니다. 산토리니를 보면 상자 같은 집들이 모여 있는데, '하늘 아래 가장 아름다운 동네'라고 소문난 것은 모여사는 아름다움이 보이기 때문인 것 같습니다. 아랫집의 지붕이 윗집의 테라스가 되고 길들은 어린이들이 노는 놀이터고, 이렇게 모여 사는 삶의 아름다움에 더해 흰색 가루를 뒤집어쓰고 코발트빛 하늘을 배경으로 한 그 형태가 아름다워서 그렇게 부르는 겁니다. 그러나 산토리니는 관광지로 많이상업화되었습니다. 반면 우리의 달동네는 아직도 진득한 삶이 녹아 있는 곳인데 이 달동네가 재개발 대상입니다. 제가 좋아했던 금호동 달동네가 지금은 아파트촌으로 변해 있습니다. 이것은 건축이 아닌 우리의 공동체를 산산이 짓이긴 비非윤리, 반反윤리의 건축입니다.

베니스 비엔날레에서 매년 국제 건축전이 열리는데, 21세기를 맞이해서패러다임을 새롭게 변화시킨다는 의미로 '덜 미학적인 것이 더 윤리적인것'이었습니다. 저는 윤리Ethics라는 단어로 당혹스러웠습니다. 제가 아는 한,

서양 건축사에서 윤리는 찾을 수 없는 단어입니다. 서양 건축사 관련 책을 보면 단일 건물, 단일 광장, 신전 등 단일 건물에 대한 미학의 열거입니다. 형태가 어떻고, 스타일이 어떻고, 재료가 어떻고, 크기가 어떻고 하는 식의 열거이지 나와 타인의 관계인 '윤리'를 설명한 대목이 하나도 없습니다. 그런데 21세기가 되자 윤리를 들고 나온 것입니다.

'건축'과 '짓다'의 차이점

'건축'은 일본식 표현입니다. 원래 일본은 '조가造家'라는 말을 썼습니다. 집안을 만든다는 뜻인데 메이지시대, 새로운 문물이 들어오면서 새로운 건축이 들어오자 조가라는 말로는 설명이 안 돼서 건축建築이라는 말을 썼습니다. '세울 건' 자 '쌓을 축' 자니까 움직임, 물리적 운동만을 뜻합니다. 건축이 가지고 있는 고유한 성격이 드러나지 않습니다.

영어로는 '아키텍처Architecture'라고 합니다. 'Arch'와 'Tect'라는 그리스어를 합성한 말로 Arch는 으뜸, 크다는 말이고 Tect는 학문, 기술을 뜻합니다. 그래서 Architecture라고 하면 으뜸이 되는 기술, 큰 학문을 말합니다. 건축가 '아키텍트architect'에 정관사를 붙이고 첫글자 A를 대문자로 'The Architect'라고 하면 조물주 하나님을 뜻하며 영어 성경에 나옵니다. 그 정도로 서양 사람들은 건축을 중요한 직능으로 보았습니다. 중국 사람들도 요즘 일본이 만든 건축을 쓰고 있지만, 원래 민국시대 이전까지는 '영조營造'를 썼습니다. '바꿀 영' 자 '만들 조' 자로 바꾸어서 만드는 것이 건축이라 그랬으니까 뭔가 프로세스가 있지 않습니까? 이게 더 좋아 보입니다. 우리도 조선시대까지 이 말을 썼습니다.

세상에 건축을 가리키는 말이 여러 가지가 있는데, 그중에 우리말 '짓다'

가 있습니다. 집은 짓는 거지 세우는 게 아닙니다. '짓다'는 어떻게 쓰입니까? 시를 짓거나 밥을 짓거나 농사를 짓거나 옷을 지을 때 '짓다'라고 쓰지 않습니까? 그러니까 그 말뜻을 풀이하면 한 사람이 어떤 진로를 가지고 자기 사상과 이념을 집어넣어서 솜씨를 발휘해 전혀 다른 물체로 창조해내는 것입니다. 이렇듯 건축은 대단한 사유 과정을 가진 창조물입니다.

사람을 바꾸는 건축

윈스턴 처칠(Winston Churchill, 1874~1965)이 1969년에 《타임》지 인터뷰에서 이런 이야기를 했다고 합니다. '우리가 건축을 만들지만 그 건축이 다시 우리를 만든다.' 저는 이 말에 동의합니다. 부부가 오래 살면 닮아간다고 합니다. 서로 다른 공간에 살던 사람이 한 공간에 살게 되면서 그 공간이 주는 법칙에 적응하게 되고 행동이 바뀌고 습관이 바뀌고 말이 바뀌고 해서 결국은 얼굴까지 바뀌는 거지요. 수도사들이 산골에 있는 곳에 가서 수도하기를 왜 원하겠습니까? 작고 소박한 공간이 자기를 번뇌에서 구제해주리라는 믿음이 있기 때문에 가는 겁니다. 건축은 우리를 바꿉니다. 그래서 건축이 중요합니다.

세계의 모든 독재자들 옆에는 항상 역사적으로 유명한 건축가들이 있었습니다. 건축을 통해서 세력을 과시하는 것은 모든 독재자들의 꿈이자 열망입니다. 이집트시대도 마찬가지고, 로마시대는 더 말할 나위 없고요. 이걸 가장 잘 아는 사람이 히틀러입니다. 히틀러는 원래 건축가가 되려고 비엔나 응용예술대학에 지망했다가 떨어지는 바람에 군대에 가서 제2차 세계대전을 일으켰습니다. 히틀러가 건축가가 됐으면 세상은 달라졌겠죠. 히틀러가 권좌를 잡자마자 알베르트 슈페어(Albert Speer, 1905~1981)라는 건축가를 기용해서 자신의 최측근으로 삼습니다. 그리고 알베르트 슈페어를 이용해 자기를 신격화하는 건축을 만들어나가기 시작합니다.

여러 가지가 있지만 한 가지만 말씀드리면 1938년에 베를린의 대개조 계획을 위한 게르마니아Germania 프로젝트입니다. 브란덴부르크Brandenburg 부근의 운터덴린덴Unter den Linden 거리의 모든 건물을 허물고 로마식 건물을 짓고 맨 마지막에 제3제국 의회의사당을 짓는 게 목표였습니다. 전쟁 중에 다 없어졌지만 운터덴린덴 주변의 건물은 다 그렇게 지어졌고, 최종 목적은 의사당을 짓는 것이었습니다. 이 의사당은 12만 5,000명을 수용하고 높이가 무려 330미터가 되는 초대형 건축으로 계획되었습니다. 당시 독일제국 의회의사당의 크기와 비교해보면 얼마나 무모한지 알 수 있습니다. 12만 5,000명을 한꺼번에 집어넣고 캄캄하게 해서 사람들을 공포에 질리게 만든 다음, 히틀러가 등장하면 스포트라이트를 비추고 연단에 서면 서치라이트를 비춥니다. 결과적으로 모든 사람을 환각의 상태로 몰아가서 '하이 히틀러'를 연호하지 않을 수 없게 만드는 건축입니다. 이를 위해서 동원된 양식이 돔으로 우리는 하나의 세계 밑에 있다고 하는 겁니다. 이것이 나치의 건축에 동원된 신고전주의 양식의 이름입니다. 다행히 이 건물은 실현되지 않고 기록으로만 남아 있는데, 이 건물이 부분적으로 실현된 곳이 있으니 바로 한국의 국회의사당입니다.

도시 건설과 마스터플랜

도시는 무엇일까요? 도시는 익명성을 전제로 한 단체입니다. 농촌은 천륜, 인륜에 의해서 영유가 되지만 도시는 그것만으로는 안 됩니다. 이익을 추구하기 위해서 모인 곳이니까 법칙, 법규가 있어야 합니다. 법칙을 공유하고 있는 게 도시이고 법규가 나타난 게 도시의 공공영역입니다. 그래서 공공영역이 어떻게 나타나 있는가를 파악하면 도시가 지향하는 목표를 알 수 있습니다. 권력에 의해서 도시가 만들어지면 왕궁을 중심으로 도시가 형성되고, 종교를 위해서 만들어지면 교회나 사찰을 중심으로 만들어지고, 상업을 위해서 만들어지면 거대한 상업 거래소를 중심으로 만들어지는 등 도시를 만드는 목적에 따라서 달라집니다.

도시는 우리말로는 뜻이 불분명한데, 영어로는 'City'와 'Urban' 두 가지가 있어요. City는 사회라는 뜻의 그리스말 'Civitas'에서 비롯됐습니다. Urban은 물리적 환경입니다. 그러니까 City와 Urban을 합쳐야 비로소 도시가 되는 것입니다. 쉽게 이야기하면 City는 소프트웨어, Urban은 하드웨어라 할 수 있습니다. 하드웨어는 만들기 쉽습니다. 도시를 만드는 방법은 많기 때문에 소프트웨어가 어떤 사회를 원한다고 하면 그에 맞춰서 만들면 됩니다. 그러나 사회를 만들기는 힘듭니다. 익명성을 가지고 모인 사람들인데다가 서로의 이익이 상충하기 때문에 사회적 합의를 이루어내는 게 보통 어려운 일이 아닙니다.

지난날 우리는 도시를 어렵게 만들었습니까? 대체적으로 쉽게 만들었습니다. 어렵게 만든 게 하나 있죠. 세종시입니다. 왜 어려웠냐면 정파적 차이는 있었지만 어떤 사회를 만들까가 처음으로 대두되어서 그렇습니다. 그 외에는 쉽게 만들었어요. 분당 같은 도시, 5년 만에 50만 명이 사는 도시를 만들었습니다. 세계 도시학자들이 이 새로운 기적을 보러 왔다가 자기들이 이미 수십 년 전에 폐기한 마스터플랜이라는 걸 알고는 전부 돌아갔습니다.

그런데 분당은 성공하지 않았습니까? 왜 성공했습니까? 도시가 성공한 게 아니라 부동산이 성공해서 그렇습니다. 도시가 성공적으로 만들어졌다고 믿으니까 비슷한 방식으로 일산에도, 산본에도, 수도권 곳곳에다 만듭니다. 20~30만 명의 도시를 쉽게 만들었습니다. 그뿐만이 아니라 이 모델을 전국적으로 적용해 전체적으로 비슷한 도시를 만듭니다.

이 도시들은 어떤 도시입니까? 서양인들이 폐기한 마스터플랜으로 만든 도시입니다. 서양인들은 어떻게 마스터플랜을 만듭니까? 평지에 만들었습니다. 그렇다면 우리 땅에 평지가 있습니까? 70퍼센트가 산지입니다. 평지는 원래 도시를 만드는 곳이 아니라 경작지였습니다. 그런데 서양인들의 마스터플랜은 평지를 전제로 하는 것이니까 우리 땅에 들어와서 산이 있으면 깎고 계곡이 있으면 메우고 물길은 돌려서 신도시를 만들었습니다.

우리의 신도시는 정치권력과 자본권력의 야합에 의해서 만들어진 것이거든요. 정치가가 몇 만 호를 만들겠다고 선언을 하면 자본가가 와서 임기 내에 만들어야 하니까 어떤 사회를 만들어야겠다는 이야기를 나눌 시간이 전혀 없었던 것이지요. 그러니까 서양인들이 만들었다 폐기한 마스터플랜을 놓고 똑같은 도시를 만드는 것입니다. 제가 건축가인데도 신도시에 가면 그곳이 산본인지, 평촌인지, 분당인지 잘 구분하지 못해요. 다른 지역도 마찬가지입니다. 바로 이것이 우리가 겪는 지역 정체성의 혼란입니다. 전국 방방곡곡에 도시가 똑같이 만들어지고 있다는 사실은 우리의 지역성이 말살되고 있다는 측면에서 우리가 심각하게 생각해볼 필요가 있습니다.

사실 도시의 근본은 로마시대 때부터 비롯되었습니다. 로마시대에 세계를 지배하는 방법은 팍스 로마나(Pax Romana, 로마의 평화)라 해서 군대를 주둔시키는 것이었습니다. 파리의 경우 도시 원형을 추적하면 시테 섬Île de la Cité이 나오지 않습니까? 런던도 도시 원형은 시티the City란 지역입니다. 비엔나도 빈도보나Vindobona라는 지역이 있고요, 프랑크푸르트 뢰머 광장Römerberg

도 도시 원형인데 이 원형들이 로마의 군대 주둔지입니다. 군대의 이름인 'Regio'가 영어화되어서 'Region'으로 변했을 때, 군대 주둔지를 표시하는 겁니다. 군대 주둔지는 캠프Camp입니다. 캠프는 일시적인 주거지입니다. 어디서든 필요할 때 펼쳤다가 필요 없으면 걷습니다. 이것이 캠프의 다이어그램입니다. 도시가 정착이 되면 큰 도시로 변하고 여기서 탄생된 게 유럽의 오래된 도시들인데, 다 로마 군단이 주둔했던 지역이고 평지를 전제로 합니다. 이것이 르네상스 시대로 발전했고, 심지어는 현대로 들어와서 새로운 건축가나 도시계획가들이 땅이 아니라 하늘을 바탕으로 도시를 만들자고 주장을 합니다. 혹은 땅은 황폐하기 때문에 인공적인 환경을 만들거나 도시를 기계처럼 걸어다니는 워킹시티로 만들자고 주장하는 이론들이 팽배해 있습니다.

이런 유類는 기록으로 남아 있지만 부분적으로 건설된 곳이 두바이Dubai입니다. 우리나라 대통령부터 지방자치단체장까지 벤치마킹하기를 주저하지 않았던 곳이 두바이입니다. 두바이는 이런 환상적인 그림을 그리는 게 가능합니다. 그런데 벤치마킹을 하다가 디폴트에 빠진 다음부터는 슬그머니 슬로건을 내려놨죠. 두바이가 야자수도 그렇고 구름도 그렇고 환상적인 그림을 그리는 것이 가능한 이유는 사막을 바탕으로 삼고 있기 때문입니다. 아무런 그림을 그려도 관계없습니다. 그리고 두바이는 사막으로 돌아갈 것입니다. 그런데 왜 우리는 두바이를 닮으려 할까요? 우리의 땅은 산지입니다. 아름다운 산수는 사막과는 근본적으로 다릅니다. 우리의 땅은 무늬가 많은 땅입니다.

터무니라는 말을 아십니까? 터무니는 터와 무늬의 합성어인데 여기서 터는 집터를 말하고, 무늬는 흔적, 혹은 물건의 겉에 나타난 모양을 이르는 말입니다. 조상들이 '터무니가 있다, 없다' 하는 것은 집의 흔적, 혹은 집을 지었던 자국을 말하는데 '존재가 있다, 없다'라고 하는 것입니다. 하이데거 이전에 우리 조상들은 이미 존재가 터와 관계가 있다는 것을 알았던 것이죠. 우리가 집을 어떻게 짓습니까? 집은 산세를 해치지 않을 정도로 가만히 앉히는 게 우리가 집을 짓는 방식입니다. 원래의 땅 무늬 위에 우리가 사는 인문적 무늬를 덧대는 게 터무니입니다. 그래서 저는 이 터무니를 땅 지地 글문文 해서 지문으로 바꾸고 또 영어 단어 'Landscript'로 선정해서 제 건축의 중요한 화두로 삼고 있습니다. 어떻게 생각하면 터무니없이 지은 집들이 많죠. 산이 있으면 깎고 밀어서 터무니를 없애고 지은 아파트는 터무니없는 집 아닙니까? 여기 오신 분들 중 아파트 사시는 분들 많죠? 터무니없는 삶을 사시는 분들이라고 생각하시면 됩니다.(청중 웃음)

서울의 랜드마크

정도전(鄭道傳, 1342~1398)과 무학대사(無學大師, 1327~1405)가 조선의 수도를 정할 때 서울의 내사산內四山, 외사산外四山의 아름다운 산세와 그 사이에 흐르는 물길을 보고 정했습니다. 내사산은 한양을 둘러싸고 있던 4개 산, 즉 북쪽의 북악산, 동쪽의 낙산, 남쪽의 남산, 서쪽의 인왕산이고 외사산은 북쪽의 북한산, 남쪽의 관악산, 동쪽의 용마산, 서쪽의 덕양산을 말합니다. 우선 머리에 어떤 도시를 만들 것인지 생각을 가지고 지은 게 아니라 지형에 입각해서 도성을 앉혀야겠다고 생각한 것일 겁니다. 그러니까 서울은 이미 랜드마크가 있는 겁니다. 자연적 랜드마크가 곳곳에 있는데, 서양의 이론에 귀가 솔깃해서 인공적으로 랜드마크를 지어서 서울의 산과 조화롭지 못하게 되었습니다.

랜드마크는 서양인들이 평지 위에 도시를 지었기 때문에 이를 구별하기 위해서 마천루도 짓고, 에펠탑도 쌓고, 빅벤도 만들고 해서 나온 것입니다. 서양인들한테는 랜드마크가 중요합니다. 그렇지만 우리는 배산임수^{背山臨水} 자체가 랜드마크이기 때문에 인공적 구조물을 지을 필요가 없습니다. 작은 단위가 모여서 이루어진 집합체의 아름다움이 우리의 건축이 가져야 할 중요 덕목이었고, 이 집합성도 산세를 연결하기 위한 윤리적 차원에서 위치하는 겁니다. 따라서 우리에게 건축은 자연과 우리를 연결시키기 위한 수단이었습니다.

서양의 미학 관점에서 보면 우리의 집들은 미학이 없는 셈이죠. 기와집과 초가집을 보세요. 집의 평면이 다 다릅니다. 왜 평면이 다릅니까? 우리의 삶에 대한 방법을 나타낸 건축이 다 다르기 때문입니다. 집은 자연과 우리를 연결해주는 매개적 조건으로 존재했기 때문에 집의 내부 구조가 다 달랐습니다. 그래서 윤리의 건축이지 미학의 건축은 아니라고 하는 겁니다.

종묘부터 용산공원까지

서울에서 가장 중요한 곳이 어디일까요? 저는 종묘라고 생각합니다. 최근에 《도시, 역사를 바꾸다》라는 책을 읽었는데, 저자는 도시에는 세 가지가 있어야 한다고 이야기합니다. 성스러운 것, 안전, 번영 이 세 가지가 도시를 번성시킨다고 했습니다. 성공한 도시는 어느 도시를 가봐도 성스러운 곳이 있습니다. 그러나 우리 도시는 지난날 온갖 상업적 물신의 망령에 사로잡혀서 성스러운 걸 다 쫓아냈는데, 그럼에도 서울을 성스럽게 해주는 곳이 바로 종묘입니다.

100미터 가까운 이 길이의 건축이 주는 장중한 아름다움에 세계의 건축

| 종묘 월대

가들이 열광하지만 사실 미학적 관점에서만 보는 거고, 저에게 종묘의 아름
다움은 종묘 앞에 있는 빈 공간입니다. 빈 공간은 조선왕조의 신위를 모시
고 있으니 엄밀히 말하면 지금도 기능하는 공간입니다. 죽은 자가 내려가고
산 자가 올라가서 만나는 곳이 월대^{月臺}입니다. 지금도 수많은 에너지가 넘
쳐납니다. 제가 건축의 정체성에 의문이 들 때 늘 가서 새로운 힘을 받는 곳
이 바로 종묘입니다. 아침 일찍 혹은 오후 늦게 사람이 없을 때 혼자 가서
절대 무위, 절대 고독에 휩싸여 서성이다 보면 어떤 감동을 받게 됩니다.

　〈수선전도〉를 보면 종묘는 북악산의 줄기를 타고 내려옵니다. 내사산이
연결이 되어 북악산은 삼각산과 이어지고, 삼각산은 함북정맥과 이어지고,

함북정맥은 금강산과 이어지고, 금강산은 백두대간과 이어져 백두산에서 내려오는 정기들이 다 연결돼서 흐르는 곳이었습니다. 그런데 동대문 줄기를 잘라버려서 녹지를 연결할 수 있는 기회를 없애고 말았습니다.

하지만 하나의 방법이 아직 남아 있다고 생각합니다. 북악산의 흐름을 받아서 내려온 종묘를 지금의 창경궁하고 연결하고 있죠? 그 앞에 있는 게 세운상가입니다. 이 건물을 이용해서 데크에 녹지를 조성하고 보행 축을 만들면 종묘뿐만 아니라 남산까지 연결될 수 있습니다. 이런 흐름이 종묘로 내려와 서울의 중앙부를 녹지축으로 연결하고 용산공원까지 돌아오면, 서울은 백두대간의 흐름을 타는 도시가 됩니다. 한반도의 생태 축을 연결하는 그 위에 서울이 있게 되는 것입니다.

서울의 달동네, 백사마을

서울 중계동 104번지 백사마을이라는 달동네가 있습니다. 이 동네는 1967년부터 강제 이주를 당한 사람들이 사는 곳이죠. 그런데 이 동네가 워낙 서울 중심에서 떨어져 있기 때문에 개발주의자들로부터 피해 있었는데, 최근에 개발을 하게 되었습니다. 1,000가구 이상이 사는 곳이었는데 LH에서 현상설계를 붙여서 고층아파트 단지로 바꾸려고 했습니다. 그러다 제가 서울시에 이런 식의 개발을 반대한다고 했더니 다행히 제 의견이 받아들여져서 새로운 방법으로 개발하기로 했습니다. 주민들의 일부는 기존의 개발방식을 원했기 때문에 그들의 방식으로 하고, 임대하는 부분만 맡아서 새로 계획하게 되었습니다.

제가 생각하는 바는 보존을 해야 하는데 과연 '어떤 걸 보존해야 하는가' 하는 점입니다. 유네스코에서 백사마을을 보존할 때 네 가지 사항을 이야기했습니다. 하나는 필지를 변경시키지 말라는 겁니다. 필지 변경을 하게 되면 건물 단위를 크게 만들 수 있기 때문에 건물의 풍경에 영향을 주게 됩니다. 다른 하나는 지형을 변화시키지 말라는 겁니다. 산이 있어도 깎지 말고 물이 있어도 메우지 말라는 것입니다. 또 하나는 길을 보존하라는 겁니다. 이것은 공동체의 기억을 위해서 매우 중요한 것입니다. 마지막 하나는 그 지역에 사는 사람의 생활방식을 보존하라는 것입니다. 이 네 가지는 백사마을을 보존하기 위한 중요한 기준입니다.

서울의 미래와 메타폴리스

서울시에서는 5년마다 도시 기본계획을 짜고 있습니다. 열심히 짜고 있지만, 지금도 서울시 웹사이트에 들어가보면 서울을 축으로 나누고 거점을 만들어서 도심, 부도심을 정한, 전형적인 서양식 마스터플랜의 내용을 서울에 얹은 식으로 진행됩니다. 서울에 산과 강이 얼마나 많은데 이런 축이 가능할까요? 서울은 600년 수도이자 2,000년의 역사를 가지고 있는데 어디에서도 역사의 흔적을 찾을 수가 없습니다. 다른 나라의 오래된 도시를 가보면 올드시티와 뉴시티가 구분되는데 서울은 구분할 게 없습니다. 그래서 저는 서울을 4개의 구도성을 연결하는 올드시티, 그리고 그 바깥은 뉴시티로 개편해서 서울을 축이 아닌 점과 점으로 연결하는 네트워킹의 도시로 만들자고 주장하는 겁니다. 이것이 메타폴리스 개념인데 프랑수아 아쉐(François Ascher, 1946~2009)라는 도시학자가 얘기를 한 바가 있습니다.

소설가 이탈로 칼비노(Italo Calvino, 1923~1985)는 《보이지 않는 도시Invisible City》에서 '도시의 가치는 어떤 거대한 기념물이나 큰 크기의 광장에 있는 게 아니라 우리가 사는 거리에, 난간에, 기틀에, 깃발에 있다'고 했습니다. 도시의 진정성은 일상생활에 있다고 주장한 것입니다. 또 지리학자 데이비드 하비(David Harvey, 1935~)는 '도시는 이미지보다 서사가 중요하다'고 했습니다. 도시 안에 녹아 있는 스토리텔링이 중요하다고 하면서 '미학보다는 윤리'라고 했습니다. 그리고 존재보다는 생성, 만들어지는 게 아니라 변해나가는 것이 도시라고 했습니다. 서양 사람들조차 도시의 패러다임을 바꾸는 시점에, 우리는 서양 사람들이 폐기한 마스터플랜으로 회귀하고 있습니다. 이제는 바꿀 때가 되었다고 생각합니다.

어떤 도시와 건축을 만들어야 할 것인가

1986년 하르부르크Harburg에서 홀로코스트 기념비The Holocaust Memorial에 관한 현상설계가 이루어졌는데, 에스터 샬레브 게르츠(Esther Shalev Gerz, 1948~)와 요한 게르츠(Jochen Gerz, 1940~)가 당선되어 12미터 높이의 탑이 세워졌습니다. 납으로 된 이 단순한 탑이 특별한 것은 매년 2미터씩 땅으로 꺼진다는 사실이었습니다. 사라지는 탑이었던 것인데 이 부부 작가가 게시판을 하나 만들어놓고 시민들에게 자기가 나치 시절에 당했던 괴로운 기억들을 써 달라고 부탁을 합니다. 시민들은 이 앞을 지나갈 때마다 자기가 느꼈던 분노와 고통을 써 내려갔습니다. 그 결과, 이 탑은 표면 전체가 시민들이 쓴 낙서로 뒤덮인 채 매년 2미터씩 땅으로 꺼져서 1993년에 완벽하게 사라졌습니다. 이름하여 사라지는 기념비입니다. 작가는 '불의에 대항하는 것은 기념비가 아니라 우리 자신이어야 한다'고 말합니다.

영구적으로 지속되는 건축은 없습니다. 건축은 중력에 저항하기 위해서 솟은 건데, 아무리 튼튼하게 세워도 중력의 힘을 이길 건축은 없습니다. 어떤 때는 폭격에 의해서, 또는 경제적 가치에 의해서 허물어지기도 합니다. 건축이 우리를 대신하리라는 것은 허망한 생각입니다. 중요한 것은 우리가 그곳에 같이 있었다는 사실입니다. 기억만이 진실입니다. 이 사실을 알 때 우리는 어떤 도시와 건축을 만들어야 할지 분명해질 것입니다.

I 매년 2m씩 땅으로 꺼진 홀로스트 기념비(1986년 12m)

오영욱

도시를 사랑하는 방법

그림 그리는 건축가 오영욱은 세계 여러 나라의 도시를 여행했다. 그의 그림을 보고 있으면 우리가 보지 못했던 어떤 공간의 구석들, 그 구석들 사이의 느낌이 보이면서 그 공간은 새로워진다. 일상적인 도시적 시선을 공유하면서 쓴 《그래도 나는 서울이 좋다》는 우리가 살고 있는 바로 이곳, '서울'이 생각보다 즐거운 곳이라는 걸 느끼게 해준다. 서울의 공간에 대한 그의 애정 어린 시선을 따라가보자.

제 2 강
도시를 사랑하는 방법

그래도 나는 서울이 좋다

서울을 바라보는 저의 관점은 사랑하는 사람과의 관계와 비슷합니다. 이 사람을 사랑하지만 가끔 미울 때가 많잖아요. 나는 이 사람을 사랑하나? 나는 이 사람과 오래 가나? 이런 생각들이 드는 것도 사실입니다.

저는 그림 잘 그리고 디자인 잘하기만 하면 건축도 잘할 줄 알았는데 학교에 들어가 실무를 경험하다 보니 건축가는 말로 먹고 사는 직업이더라고요.(청중 웃음) 말을 잘해서 안 되는 것도 설득해서 하면 되는 직업이 건축가예요. 서울시 신청사도 그렇고 동대문디자인플라자도 그렇고 건축가 분들이 말씀을 잘하셔서 이렇게 하면 서울이 정말 좋아진다고 하신 것처럼요. 그건 우리나라를 비롯해 세계에서 건물이 지어진 논리입니다. 왜냐하면 건축은 정답이 없거든요. 이 자리에 어떤 건축을 짓는 게 가장 좋은지를 생각

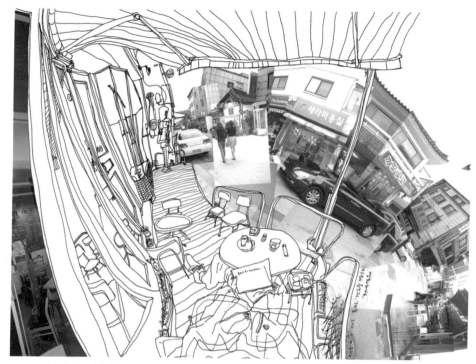

| 종로 계동의 카페

해서 그걸 남에게 설득한 다음에 동의시키면 그때부터 그게 답이 되는 것
이지요.

제가 말을 잘 못하기 때문에 학교 다닐 때는 좌절도 많이 했습니다. 내
가 좋아하는 건축을 왜 좋아하는지 그 이유를 남 앞에 서서 자신 있게 말하
지 못한다는 이유로 건축을 못하게 되는 것인가 고민을 했거든요. 건축에
정답이 없다는데 꼭 한 가지 방법만 있는 건 아니란 생각이 들어서 제가 가
장 좋아하는 방식으로 건축을 하자, 놀면서 건축을 하자, 그래서 여행을 다
니면서 세상의 좋은 공간들을 보고 익히면 그게 디자인으로 나오지 않을까
기대를 했습니다.

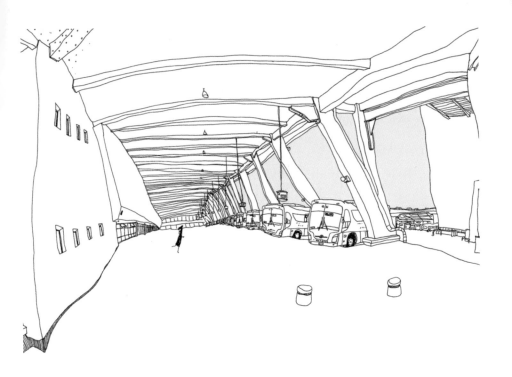

| 강남 고속버스터미널

　남들이 책을 볼 때 저는 여행을 다녔어요. 그리고 기억으로 남기기 위해서 사진도 찍고 스케치도 많이 했습니다. 그게 반복되면서 그림 그리는 실력이 늘었고, 상업적으로 요청하는 사람도 생기고, 여행기를 쓸 수 있는 기회를 얻었어요. 그러다 보니까 본업은 건축인데 책도 내고 그림도 그리는 사람이 되었습니다. 그래서 제가 궁극적으로 마음에 꿍쳐두고 있었던, 그래도 나는 한국에서 건축을 하는 사람이기 때문에 내심 바라왔던 서울의 이야기에 대한 책을 낼 수 있었는데 그게《그래도 나는 서울이 좋다》입니다.

　두 장의 서울 그림을 보여드릴게요. 하나는 종로 계동 스케치입니다. 옛날의 계동은 운치 있고 좋았는데 지금은 많이 상업화되었죠. 우리는 변하는 것들에 대해 아쉽다고 표현합니다. 그럼에도 세상이 변해가는 건 변하는 것을 원하는 사람이 더 많기 때문이겠죠. 변하지 않는 게 좋다고 느끼는 사람이 더 많아지기를 바라며 그 상업화된 길의 한 카페, 분위기 좋은 테라스에 앉아 그렸던 그림입니다.

또 하나는 강남 고속버스터미널입니다. 지금 보시면 슬럼화되었다고 느끼실 수도 있는데, 1970년대엔 미래의 건축이었어요. 80년대까지만 해도 강남 고속버스터미널 3, 4층까지 버스가 올라갔고 거기서 버스를 타곤 했습니다. 5층까지 커다란 버스가 올라가는 공중다리가 있어요. 성수대교 붕괴 등 부실공사 사건 때문에 한국에서는 구조안전강도를 가장 높게 잡아요. 무너지면 책임자의 소재를 물기 때문에 그럴 바에는 공사비가 많이 들더라도 철근 많이 넣고 투박하게 짓자는 식으로 바뀌어가고 있지만 70년대에 지어진 건물만 해도 재료가 구조를 버틸 수 있는 수준으로 지어졌기에 그 당시는 콘크리트가 굉장히 가늘었어요. 눈으로 보기엔 얇은 다리인데 그 위로 버스가 왔다 갔다 하는 풍경은 미래도시의 모습이었던 거죠. 그때의 어렴풋한 기억을 갖고 터미널에 가서 그림도 그리고 산책도 하고 그런 시간들을 가졌습니다.

어떻게 살아갈 것인가?

도시인문학을 말하기 전에 인문학에 대한 질문을 해야 할 것 같아요. 사실 제가 고민하지 않아도 많은 분들이 인문학이 무엇인지 정의를 내려주셨는데 '어떻게 세상을 살 것인가?'라는 질문에 대한 대답이 인문학이 궁극적으로 추구하는 바이고, 이것이 바로 수천 년 동안 인류가 문명을 발전시키고 역사를 이루었던 기저인 것 같습니다.

저는 '삶의 목적이 무엇이냐?'라는 질문을 받았을 때 바로 답을 하지 못했어요. 그래서 고민을 하다가 일단 현재 상황에서 답을 찾았는데 바로 '행복'입니다. '진짜 행복이 인간의 삶의 목표냐?'라고 물어보면 '그렇지 않을까?'라고 소극적으로 답하는 정도의 수준이지만 제 삶의 목표는 행복입니다. '그럼 행복이 뭐야?'라고 물어볼 수 있잖아요. 또 고민을 했는데 뻔한 답을 할 수밖에 없네요. 행복은 서로 사랑하는 것이라고 말입니다. 여기서 사랑은 일반적으로 연인을 말하는 것이 되겠지만, 크게는 물건이 될 수도 있고 도시도 될 수 있다고 생각합니다.

그런데 우리가 물건을 사랑하면 서로 사랑하는 건 어렵잖아요. 우리는 물건을 사랑하지만, 그 물건이 우리를 사랑하지 않기 때문에 행복이라는 정의에서 '서로 사랑한다는 것'이 성립하지 않아서 물건을 사랑할 때는 허무함을 느낄 수도 있습니다. 사람의 경우는 교감할 수 있기 때문에 서로 사랑할 수 있는 대상을 만난다면 서로 사랑하게 되면서 행복을 느끼게 되지요.

그렇다면 도시는? 제가 도시를 사랑하면 도시가 나를 사랑할까요? 서로 사랑하는 것이 행복이라는 것에 동의하실지 안 하실지 모르겠지만 '사랑은 뭔데?'라는 질문을 드려볼게요. 제가 정의 내리기로는 사랑이란 상대방의 기쁨이 나의 기쁨이 되고 상대방의 슬픔이 나의 슬픔이 되는 것, 즉 제가 주인공이 아니라 내가 사랑하는 사람이 주인공이 되어 그 사람의 감정과 동기화가 이뤄진 상태라고 생각합니다. 부모와 자식 간의 관계에서 부모가 자식을 생각하는 마음, 혹은 자식이 나이가 들어 부모를 생각하는 마음을 사랑이라 봤을 때 이러한 정의가 맞는 것 같고요, 이제 막 연애를 시작한 사람에게는 조금 더 복잡해서 관계가 깊어졌을 때 미움과 사랑의 감정이 동시에 존재하겠지만, 어쨌든 제 생각으로는 이게 사랑에 관한 정의로 괜찮지

않나 생각합니다.

행복이란 내가 사랑하는 상대방이 행복한 것, 사랑하는 상대방이 기쁠 때 기쁘고 슬플 때 함께 슬프기 때문에 그 사람이 행복한 상태가 되면 나도 행복해질 수 있는 게 아닐까 싶어요. 이런 이유로 다시 '당신의 삶의 목적은 무엇입니까'라는 질문을 받았을 때 내가 사랑하는 이들을 행복하게 해주는 것이 내 삶의 목적일 수 있다는 생각을 최근에 했습니다.

이렇게 정리가 되니 나는 왜 그렇게 일을 열심히 하는지에 대한 문제도 해결이 되더라고요. 요즘도 주 6.5일에서 7일 정도 일을 하면서 항상 새벽 한두 시에 퇴근하는 삶을 살고 있는데 '왜 일을 해?', '왜 여행을 해?' 이런 질문에 대한 답이 항상 저한테 있었던 것 같아요. 내가 뭘 잘하기 위해서, 돈을 벌기 좋으니까 등등 말이죠. 그러다 보니 그 끝이 항상 애매했어요.

그런데 삶의 목적에 대해 정리가 되니 한 발짝 물러나서 이런 질문에 대한 스스로의 입장을 객관적으로 바라볼 수 있었습니다. 내가 일을 열심히 해야 하는 이유가 (내가 사랑하는) 부모님이나 사랑하는 연인을 기쁘게 해주기 위한 것이 될 수도 있고, 친한 친구들, 건축하는 동료들, 같이 사무실에 있는 직원들을 위한 것일 수도 있겠다는 생각이 든 거죠. 제가 사랑하는 사람들이 모두 행복해지기 위해서 제가 열심히 일하고 뭔가에 열심히 투자하고 심지어는 숨만 쉬는 삶 자체도 내 곁의 사람들과 연관이 되었을 때 의미를 갖지 않을까라는 생각을 해봤습니다.

건축일이 보통 밤을 새는 일도 많고 긴박하게 해야 하는 일도 많아서 힘들 때가 많은데 이렇게 열심히 일을 하는 건 '더 좋은 프로젝트를 수주하기 위한 기회가 될 것이다'라는 전제가 있어요. 그 자체가 목적이 되면 물론 힘들어질 것입니다. 하지만 더 좋은 프로젝트를 우리 사무실 식구들과 함께

하면서 안정적인 수입원과 함께 자아실현도 하고, 내가 좋아하는 사람들이 나의 작업에 함께 기뻐하고 즐거워해줄 수 있기에 내가 행복해진다는 식으로 생각하면 기분이 좋아집니다. 내가 열심히 살아서 조금씩 발전을 해간다면 나의 주변 분들도 함께 행복해질 수 있지 않을까 생각했습니다.

다만 이게 물리적인 성장의 논리로 가면 위험해지는데요, 규모나 크기, 혹은 돈의 문제가 아니라 내가 내 일을 지속적으로 하면서 살아가는 자체를 발전으로 생각하고 이해하면 될 것 같습니다. 그래서 내가 사랑하는 일을 좋은 인간관계 속에서 즐겁게 하면 결국은 내가 행복해지겠더라고요. 제가 살아가는 이유는 이런 것들인 것 같습니다.

인문학은 삶의 행복을 위해 어떻게 살아갈 것인가에 대해서 계속 고민하는 그런 부분이 아닐까 생각합니다. 그럼 도시인문학은 무엇일까요? 앞에서 사랑에 대해 열심히 이야기했었는데 '궁극적으로 내가 행복해지기 위해서는 이 도시, 서울을 내가 어떻게 사랑하면 좋을까?'에 대해 고민하고, 그래서 서울이 좋게 되면 저도 좋아지는 그런 상태가 도시인문학이 다뤄야 하는 영역이라고 생각합니다.

도시를 사랑하는 방법은 정말 여러 가지가 있어요. 뻔한 이야기지만 지나가다 쓰레기를 줍는 것부터 시작해서 여러 가지 아이디어가 있을 텐데요, 제가 갖고 있는 몇 가지 생각을 말씀드릴까 합니다.

저는 '한국의 도시, 서울에서 뭐가 제일 아쉽냐?'라는 질문에 일본과 비교합니다. 일본을 좋아하기는 어렵지만 건축적으로나 도시적으로 우리보다 앞서 있는 건 사실이기 때문이지요. 제 입장에서 한국의 도시와 일본의 도시를 비교했을 때 도로와 건물이 만나는 지점이 어떤가가 가장 다릅니다. 일본은 길이 있고 경계석이 있는 부분, 건물의 현관과 도로가 만나는 부분이 정말 깨끗해요. 그 부분이 도로나 건물보다 깨끗한 경우가 많습니다. 그런데 한국의 도시는 그 부분이 더럽고 깨져 있고 튀어나와 있고 쓰레기봉투가 널려 있는 등 지저분하지요. 한국에서는 그 영역을 남의 땅이라고 생각하는 것 같습니다. 거리를 걷는 사람들은 저기는 건물주인의 땅이라고 생각하고 건물주인은 자기가 관리할 부분이 아니라고 생각하면서 서로 방치해두기 때문에 지저분한 공간이 된 것 같습니다. 일본 사람들은 건물주인도 경계 부분까지 자신의 영역이라고 생각하고, 도로를 다니는 사람도 경계는 자신의 영역이라고 생각하면서 함부로 다루지 않아서 도로가 깨끗한 게 아닐까 생각합니다.

저는 서울이 좋아지기 시작했다는 단서로 건물과 도로의 사이가 깨끗해지는 것을 생각합니다. 그건 관에서 시킨다고 되는 게 아니라 건물주인이나 지나다니는 사람들의 생각이 '저곳은 나를 포함한 공공의 영역이구나!'라고 바뀔 때 비로소 이뤄지는 부분이거든요. 공공의 영역이 깔끔해지는 순간, 도시의 이곳저곳도 비슷한 영향을 받으면서 서울이 좀 더 살기 좋아지지 않을까 생각합니다.

또 한 가지 서울에서 아쉬운 점은 보차겸용 도로입니다. 서울의 많은 영역이 이면도로라고 하는, 보차분리가 충분히 되어 있지 않은 길로 채워져 있습니다. 4미터에서 8미터 정도 되는 도로를 지나가는 차와 주차된 차, 그리고 사람이 공유하는 거죠. 그래서 사람들이 걷다가 차가 오면 사람이 비켜야 하는 거죠. 특히 한국의 길은 차량 중심으로 발전하다 보니 차가 사람을 기다려야 한다는 생각을 아예 안 합니다. 그런 의식 자체가 바뀌는 것도 중요하고, 도시가 그 의식을 바꾸는 데 도움을 줄 수 있도록 변해야 하는 것도 중요합니다.

많은 분들께서 서울의 개선점으로 전봇대를 없애자고 하시겠지만 그건 정말 돈이 많이 들고 경관의 문제이기도 합니다. 저는 행동이 일단 자유롭고 편해야 한다고 생각합니다. 돈이 조금 덜 들고 직접적으로 사람에게 혜택이 가는 일로 우리의 이면도로에 폭이 40센티미터만 되도 좋으니까 인도를 만들면 좋겠습니다. 사람들에게 차로 침해당하지 않을 보행권을 주고 그러한 보행권이 보장될 때 사람들은 잘 걷게 될 거라고 생각해요. 사람들이 편안하게 걸어다닐 수 있을 때 도시는 훨씬 더 나은 곳이 될 수 있다고 생각합니다. 차들과 사람들이 막 왔다 갔다 하는 이곳에 인도가 딱 한 줄 생기면 도시가 훨씬 더 좋아지지 않을까요?

얼마 전 서울시 애니메이션센터에서 만화의 거리를 조성하는데 만화 게시판을 설치하면 어떻겠냐고 의견을 물어왔는데 그때 저는 그 길에 인도를 만들어달라고 했습니다. 지나다니는 차 때문에 사람들이 어떻게 여유롭게 만화를 구경하겠냐고 했지요. 물론 한국에서는 1층에 주차장을 의무적으로 만들어야 하기 때문에 통로가 생기겠죠. 그럼에도 보행자 영역을 확보해주는 것은 중요한 일인 것 같습니다.

4미터 도로에 인도를 1미터 주면 사실은 좁아요. 〈비포선셋Before Sunset〉 영화로 기억하는데, 파리에서 가장 좁은 인도라고 하면서 20센티미터 정도 되는 길에서의 키스신이 나오거든요. 차 한 대도 지나가기 좁은 곳인데 사람 한 명이 안전하게 걸을 수 있는 최소한의 영역을 주고 인도를 만들었던 도시가 무척 인상적이었습니다. 어쨌든 이면도로에 인도를 만드는 것은 사람들이 안전하게 걸을 수 있는 환경을 만들어주는 동시에 운전하는 사람들에게도 이 도시가 운전자를 가장 우선시하는 것이 아니라는 사실을 인식시켜줄 수 있다고 생각합니다.

❘ 도시의 이면도로

❘ 인도를 만든 도로

서울에 관한 키워드

이제 제 책 이야기를 하면, '도시는 흔적과 장소, 집합, 기호, 상징, 미학, 기억 그리고 상상으로 이루어져 있다'라고 스스로 정리하고 나서 글을 썼어요. 이는 도시에 대한 애정은 사랑하는 사람과의 추억을 닮았다고 생각했기 때문이었어요. 사람을 사랑했을 때 나는 어땠는가를 생각하고 그걸 도시에 대입했더니 여덟 개의 키워드가 나왔던 거죠. 이 키워드를 바탕으로 어떤 연애의 기억과 서울의 기억을 연결 지어봤습니다.

흔적: 상처와 추억이 공존하는 시간의 자취는 현재의 인연을 위한 통과의례였을지도 모른다

일단 흔적이란 키워드에서는 석촌호수와 머플러 예를 들어보겠습니다. 제가 언젠가 추운 지역으로 출장을 갈 일이 있었는데 그녀가 갑자기 막 달려와서 자기 머플러를 둘러줬던 기억, 그게 제 옷장에 걸려 있어서(왜 머플러를 돌려주지 않느냐고 묻지는 마세요.)(청중 웃음) 그 머플러를 보면서 '나는 사랑하는 사람이 있구나'라고 생각했던 기억이 떠올랐어요. 석촌호수는 예전에 잠실이 개발되기 전 한강이 흘렀던 자리에 생긴 인공호수입니다. 마치 옷장 안 머플러를 보는 것처럼 석촌호수를 바라보게 되는 거지요. '이곳에 한강이 흘렀었구나' 하고 말이죠.

옛날의 한강은 모래가 많고 얇은 강이었고 구불구불한 강이었는데 한강개발계획과 강남개발 등 수많은 건설 공사들을 하면서 강의 모양이 많이 변형된 걸 알게 되었어요. 옛날 한강은 지금보다 더 구불구불했습니다. 그 중간에 '부리도'라는 모래섬이 있었고 한강은 그 밑으로 흘렀다고 합니다. 부리도 위쪽으로는 여의도 샛강같이 강이 얇게 흘렀는데 더 깊게 파서 지금의 한강 자리를 만들고 강이 흐르던 곳을 메워 잠실로 만들면서 생긴

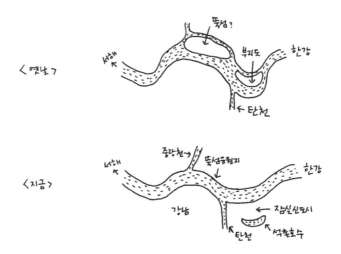

게 석촌호수라고 하더라고요.

호수가 생긴 이유는 사실 잘 몰라요. 대규모 건설을 하면 많은 양의 지하수가 나오는데 이를 빼내서 저장하는 과정에서 생긴 건지, 아니면 도시를 아름답게 만들기 위해 생긴 건지 잘 모르겠습니다. 다만 석촌호수가 왜 있었는지, 왜 초승달 형태로 있는지에 대해 궁금해하는 것이 마치 사람에 대한 관심과 비슷하다고 생각하는 것입니다. 그리고 문득 발견하게 된 것이 이 사람, 이 도시의 흔적일 수 있겠구나 하고 생각하게 되고 그런 관심 중 하나가 석촌호수였던 거지요.

기호: 우리는 여러가지 종류의 언어로 사랑하고 미워했다

기호라는 키워드는 괴성과 연관되는데, 그녀가 괴성을 지를 때 '저거는 어떤 신호구나, 나는 가만히 있어야지'라는 기호가 되는 거죠.(청중 웃음) 그녀

의 괴성을 듣는 순간, 메일이 와서 답장을 쓰는 척해야지, 그런 생각이 들수 있게 하는 것이죠. 서울에서는 개포주공 1단지와 연관을 지어봤습니다. 이 단지 중심부에 상가가 위치하고, 초등학교가 하나 있고, 어느 정도 크기로 만들어졌는지를 알 수 있는 실마리가 있어요.

옛날부터 강남의 블록들은 굉장히 커요. 크기가 650미터에 650미터 정도여서, 한 블록을 걷기가 부담스럽습니다. 뉴욕은 70미터에 250미터 정도, 바르셀로나는 한 100미터 정도 됩니다. 그러니까 한 블록, 한 블록을 걷기가 좋은데 서울은 왜 이렇게 블록이 클까라는 생각을 한 적이 있어요. 그러다 개포주공 1단지에 사는 친구 집에 놀러간 적이 있는데 그 단지 안내도를 보고 느낀 게 있었어요. 1920년대 미국의 페리(Clarence A. Perry, 1872~1944)라는 도시계획가가 '미국의 도시는 이렇게 되어야 해'라며 '근린주구이론 Neighborhood Unit'이라는 것을 제안했던 적이 있는데 주공 1단지의 모습이 딱 그랬죠.

강남도시개발계획은 정치적으로 진행되었기 때문에 설계한 사람들에게는 몇 달의 시간만 주어졌다고 해요. 갑자기 과제가 주어지고 관료들을 설득하기 위한 가장 좋은 방법이 미국의 이론을 가져오는 거였을 거예요. 미국의 도시는 자동차 중심의 전원에 푹 박혀 있는 형태라고 한다면, 서울은 그런 상황이 어울리지 않는데도 그걸 따라한 거죠. 강남이 비인간적이라고 느끼시는 분은 원래 비인간적인 도시계획이 있었기 때문에 어쩔 수 없는 것이고 그다음을 어떻게 만들어갈 것인가 하는 고민을 해야 할 것 같아요.

상징: 관습이 이끄는 의식에 의해 관계는 영속성의 가능성을 지닌다

상징은 일요일입니다. 저는 7년 동안 일요일에 한 번도 쉬지 않고 일을 했

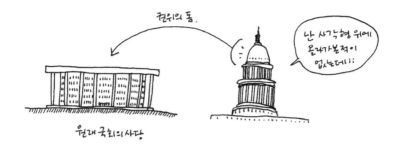

권위의 돔.

원래 국회의사당

난 사각형 위에 올라가본적이 없는데...

거든요. 그러다가 갑자기 연애를 하면서 일요일에는 좀 쉬어야겠다는 생각을 했어요. 둘 사이에서 일요일의 약속은 어떤 의미가 있었던 것 같아요.

서울에 관련된 상징의 장소로는 국회의사당을 예로 들어보죠. 원래 우리의 국회의사당은 반듯하고 네모난 건물로 지으려고 했습니다. 좀 더 권위적이고 위엄이 있는 상징물을 만들기 위해 구조적으로 필요 없는 기둥들을 주변에 쭉 둘러 신전 같은 느낌을 주고 하와이 주의회의사당처럼 돔이 있어야 한다고 해서 지금의 모습처럼 바뀌었다고 합니다. 전 세계에서 사각형 건물 위에 돔이 얹혀진 경우는 제가 경험한 바로는 없어요.

상상: 현실과 이상의 간극을 메워줄 수 있는 것은 우리가 공유할 수 있었던 희망이었다

상상은 남자의 허세와 같아요. 남자는 '나랑 계속 연애하면 내가 백 개의 도시를 여행시켜줄게'라고 말하는 거고,(청중 웃음) 여자는 거짓말인 걸 알면서도 믿고 넘어가고, 또한 그런 상상을 하는 것 자체가 어떤 기쁨이 될 수 있는 게 사랑의 속성이지요.

도시를 사랑할 때도 여러 가지 상상을 하는 게 좋은 방법일 것 같습니다. 가령 이 숲속 강의실 같은 경우도 상상에 의해서 발생할 수 있는 공간인 것

같아요. 예전에는 네모반듯한 공간에서 강의가 이뤄질 때, 숲에서 강의가 진행되면 좋지 않을까라고 상상한 것이 동기가 되지 않았을까요?

상상이라는 키워드로 서울에 대한 몇 가지 생각을 해봤는데, 그중 하나가 수직공원입니다. 도시가 옛날에는 수평적으로 불공평했어요. 왕의 영역은 평민이 절대 가지 못하고 양반조차 가지 못하고 천민의 영역은 양반들이 가지 않는 그런 식이었죠. 지금의 서울은 수평적으로는 거의 청와대 앞까지도 갈 수 있잖아요. 어디든 갈 수 있는 대신 옛날에는 존재하지 않았던 불평등이 존재하기도 해요. 수직적인 불평등입니다. 타워팰리스 1층까지는 누구나 갈 수 있지만 1층 현관에서 꼭대기층까지 갈 수 있는 사람은 거기 살고 있는 사람 혹은 관련자를 제외하고는 불가능합니다.

도시가 수평적으로 평등해진 대신, 이제 자본으로 바뀐 새로운 권력은 그 권력을 위로 가지고 올라가서 누리고 있습니다. 우리의 도시가 살기 좋아지기 위해서는 그런 불평등이 아예 없어지기를 기대하긴 어렵겠지만, 어느 정도 해소될 수 있는 여지가 있으면 좋겠습니다. 앞으로 몇 층 이상 건물을 지을 때에는 꼭 한두 개 층 정도는 공원으로 만들어 공유할 수 있으면 좋겠다고 생각합니다.

장소 : 우리는 항상 그곳에서 만났고 비밀스러운 우리의 사연을 새겼다

장소의 측면에서 저는 테헤란로를 예로 들어봅니다. 물론 그건 제 경우이고요, 여러분은 여러분만의 장소가 있을 거라고 생각합니다.

저는 강남에서 어린 시절부터 쭉 살아왔습니다. 그때는 논밭도 있고 겨울이면 밭이 스케이트장이 되고 지금은 서울에서 제일 비싼 곳 중 하나인 삼성동 아이파크 자리에 개울 같은 것이 있어 사대문 안에 살던 친구들이

못 했던 개구리잡기, 물방개잡기 등을 장난치면서 자랐어요. 그러다 보니 저는 강남의 감성이긴 하지만 정확하게는 강남의 시골감성을 많이 갖고 있습니다.

제게 의미 있는 장소들도 강남 쪽에 많이 있는 편인데 특히 테헤란로가 그렇습니다. 겨울에 사람들이 아무도 없는 일요일 밤 10시 정도의 그곳을 좋아합니다. 인간의 욕망에 의해 올라간 건물들이 쭉 늘어서 있고 텅 빈, 차만 쌩쌩 지나다니고, 불이 켜져 있는 곳은 편의점, 커피집이 전부인 그때의 고독한 감성을 좋아해요.

저는 겨울밤에 폼 잡고 싶을 때 테헤란로에 가서 앉아 있곤 하는데 그 장소, 그 고독감은 왜 생기는 건가 궁금해지기도 해요. 물론 번화한 업무지구가 갑자기 주말에 비워지면서 쓸쓸함이 생겨날 수도 있는 거지만, 건물의 높이가 주는 비례감에서 오는 중압감이 있는 것 같아요.

우리나라 건물의 높이가 어떻게 정해지느냐도 사실 일본의 영향을 많이 받았는데, 도로폭에서 1.5배 높이, 각도로 치면 사선 57도 정도 될 것 같아요. 그 각도가 왠지 모르게 인간에게 편안한 비례를 준다는 연구결과가 있었는지 모르겠습니다. 1:1.5는 자연에 존재하지 않는, 인간의 이성으로 만들어진 숫자의 비례입니다. 그 비례에 의해서 법이 만들어졌고 도시가 커졌는데 좁은 공간을 가진 곳에서는 그 높이가 높아지지 않아요. 나중에 업무지구의 높이 기준은 완화되기는 했지만 테헤란로 같은 높이에 의해서 내가 이 도시에서 느끼는 공간들의 비례가 정해지고 그것에 적응하면서 다시 그곳이 주는 느낌이나 감성이 내 장소와 감성으로 사용할 수 있다는 단상을 적었던 것이 테헤란로에 대한 이야기입니다.

집합: 여럿이서 모인 왁자지껄한 밤에 그녀의 사람들은 나를 무리의 인원으로 인정했다

집합에서는 옛것과 새것이 함께 있는 모습을 생각해봤습니다. 저는 아이폰을 쓰는데, 연인의 관계에서는 아이폰 사진 폴더에 들어 있는 수천 장의 사진들이 모여 있는 모습이 사랑을 기억하는 방식이라 생각해요. 그래서 집합이라는 키워드를 말씀드렸고요, 서울에서는 봉은사와 아이파크라는 꼭지로 설명했었죠.

우리나라 사람들은 외국 사람들에게 어떻게 보일까 신경을 많이 써요. 그러면서 파리를 봐라, 에펠탑도 있고 아름답다고 그런 말을 하는데, 저도 파리를 좋아하지만 그렇다고 서울이 파리가 될 수는 없는 거고 서울은 서울다울 때 가장 아름답고 좋은 장소가 될 수 있다고 생각해요. 서울은 집합이되 파리 같은 집합의 도시가 아니라, 공장도 있고 굴뚝도 있고 불상도 있고 십자가도 있고 못생긴 건물도 있고 희한하게 생긴 건물도 있고 이 모든 게 뭉쳐 있는 자체가 서울의 모습이 아닐까 하는 거죠.

그런 관점에서 제가 가장 좋아하는 광경 중 하나가 삼성동 코엑스에서

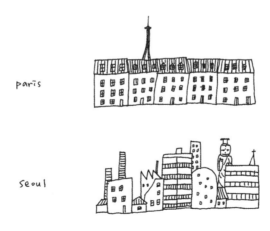

봉은사 쪽을 바라볼 때입니다. 코엑스의 건물이 있고 불상이 보이고 산도 보이고 높이 솟은 아이파크가 보이고 맑은 날에는 저 먼 북한산까지 보이고 그런 모습이 서울을 대표하는 광경이 아닐까 싶어요. 사실 우리는 공통성이 없는 문화들이 함께 있는 키치한 환경 속에 살고 있거든요. 서양 것이 좋으니까 갖다 쓰고 일제강점기에 들어왔던 일본 문화도 섞여 있고 우리 전통도 중요하다고 해서 갖고 있는 그 모든 것이 섞여 있는 곳에서 살고 있어요. 모든 것이 섞여 있는 자체가 현재 가장 서울다운, 가장 한국스러운 모습이 아닐까라고 생각하는 것이죠.

미학: 서로를 이해할 수 있었기에 우리는 아름다웠다

미학은 저에게 있어서 치마 같은 것인데요, 저는 여전히 여자들이 치마를 입을 때가 더 예쁘다고 생각하지만 이젠 바지를 입는 경우가 더 많잖아요. 사람들은 자신만의 관점에서 상대방의 아름다움을 보게 되지요. 반대의 경우도 마찬가지겠지만 여자들은 보통 남자의 시선을 고려하지 않아요. 친구들이 '이게 예쁜 거야'라고 하는 말에 꽂혀서 남자들이 보면 경악할 만한 패션을 구현하기도 해요.(청중 웃음) 그러다 보니까 왜 저렇게 입었나 생각이 들 때도 있지만 그녀가 좋아하는 스타일이니까 저게 아름다움이고 자꾸 보다 보니 아름답게 인식하게 되고 어느새 저런 모습을 좋아하게 되었다고 생각하는 게 미학의 과정인 것 같습니다.

서울에서는 한강의 다리들을 예로 들었습니다. 우리가 해외여행을 갔을 때 의외로 다리가 관광지인 경우가 많아 관광 가이드가 설명하는 다리들이 있어요. 그런 다리를 보다가 한강의 다리들을 일상적으로 보면 시시한 느낌이 들 겁니다.

미학은 사랑하기 위해 노력한 다음, 거기에 어떤 아름다움이 있을지 고민해서 발견하는 것이라고 말하고 싶어요. 우리 서울이 갖고 있는 다리들이 다 아름다운 것은 아니지만 그 아름다움을 찾을 수 있는 여지들이 꽤 있고 저는 한강의 수많은 다리 가운데 원효대교가 가장 아름다운 다리라고 생각합니다. 그리고 한강철교도 좋아하고 청담대교도 좋아하지요. 원효대교는 인천공항 가는 방화대교를 제외하면 최초이자 유일한 민자교각이었어요. 동아건설에서 만들어서 통행수입을 갖고 도시에서 이를 환수하는 조건의 다리였던 거죠. 민자도로이다 보니 복잡한 의사결정 과정이 최소화되었고, 만들어지는 과정 자체가 건설사의 기술능력을 가장 잘 보여주면서 사족을 붙이지 않는 형태로 이뤄졌어요. 구조적인 미학이 가장 잘 드러난 다리라고 생각해요. 특히 강북 쪽 강변도로에서 보면 좋은데, 군더더기가 없고 구조적인 아름다움으로 만들어진 순수한 다리라는 걸 느낄 수 있어서 좋아요.

기억 : 믿음은 우리의 관계가 지속될 수 있었던 유일한 전제조건이었다

서울에서 대표적인 기억의 장소로는 종묘를 들 수 있어요. 서울에서 가장 좋아하는 건물이 무엇이냐고 물어보면 저는 종묘라고 말해요. 사실 종묘가 길잖아요. 왕조가 길어지면서 모셔야 되는 위패가 많아지고 그래서 건물의 길이를 늘린 건데 처음에는 7칸이었던 건물이 지금은 19칸의 건물이 되었거든요. 한쪽은 늘어났다고 하는데, 종묘 지도를 보면 처음에 7칸의 건물이 한쪽 구석에 몰려 있었을 거라는 생각은 들지 않아요. 그래서 양쪽으로 늘어났다고 생각합니다. 종묘에 가면 101미터 정도 되는 길이 때문에 '우아' 하며 감탄하는데 그 길이가 사람들에게 감동을 주기 위해 생겨난 것이 아니라, 기나긴 역사를 지켜온 왕조에 의해 필연적으로 생겨날 수밖에 없었던

길이라는 측면이 의미 깊게 다가옵니다. 월대에 앉아서 바라보는 종묘가 다르게 느껴지고 건물이 형태로 다가오는 것이 아니라 시간으로, 기억으로 다가올 수 있는 여지가 있다고 생각합니다.

2100년 정도의 미래에 서울이 어떤 모습일까 그림을 그려보았습니다. 도시는 전쟁으로 사라지지 않는 이상, 우리가 보고 듣고 경험한 어떤 것들의 최소 절반 이상은 100년 후에도 남아 있을 거라고 생각합니다. 가령 여기서는 광화문을 그렸는데 광화문에 경복궁과 이순신 동상이 100년 후, 200년 후에 없어질 것이라고 생각하지는 않거든요. 광화문대로의 세종문화회관까지도 남아 있을 것 같아요. 근대건축이라고 해도 100년 이후에도 잘 남아 있을 것 같고, 몇 가지 건물들은 부서지고, 어떤 건물은 300층 이상도 지어질 것 같고요. 날아다니는 차들 뒤로 남산도 있고 광화문도 있는 게 결국은 미래의 우리가 살게 될 도시가 아닐까라는 생각으로 그려본 그림입니다.

미래의 서울

서울연구원이 서울시민들과 함께 2030년의 서울은 어떤 모습일까라는 프로젝트를 진행했는데 거기서 도출된 키워드가 '소통'과 '배려'가 있는 '행복한 시민도시'였어요. 저한테 소통과 배려가 있는 행복한 시민도시를 그림으로 그려달라고 하셔서 그린 그림인데 한양대 최종현 교수님께서 아이디어를 주셨습니다. 서울에서 가장 크게 아우를 수 있는 것이 북한산에서부터 관악산까지 그려지는 녹지축, 그 사이사이 살고 있는 수많은 사람들이라는 말씀을 해주셔서 '이걸 그리자!'라고 생각했습니다.

소통은 북한산에서부터 쭉 이어지는 녹지축, 현재는 끊어진 부분들이 많

은데 그게 약간씩 복원되는 녹지축의 모습으로 소통을 표현했어요. 그다음, 사이사이에 각기 다른 모습을 가진 동네들이 있잖아요. 거기에 배려의 공간들을 넣기로 했죠.

제가 얼마 전부터 수영을 다니기 시작했는데 사무실 근처 초등학교에 있는 운동장을 절반 정도 개발해서 수영장과 지하주차장이 있는 스포츠센터를 만드는 프로젝트가 있었어요. 인근의 유휴부지가 초등학교 운동장밖에 없었기 때문에 주변 사람들에게 문화센터를 주고 학생들에게 강당을 주는 프로젝트인 건데 걸어서 3분 거리거든요. 걸어서 15분 거리의 스포츠센터를 다닐 엄두는 안 나지만, 걸어서 3분 거리에 생기니까 이건 할 만하겠다는 생각이 들더라고요. 서울이 나를 배려해준 것이 걸어서 3분 거리에 있는 스포츠센터인 것 같습니다. 걸어서 한 10분 이내의 장소에 운동을 하거나 책을 읽을 수 있는 공간이 많아지는 게 서울이 시민들에게 해줄 수 있는 가장 좋은 방법이 아닐까 생각합니다.

2030년을 상상한 이 그림은 북한산에서부터 시작됩니다. 이 축을 쭉 따라 평창동, 세검정이 있고 내려와서 성북동, 서울 성곽을 따라, 북촌, 경복궁, 창덕궁이 있고, 사대문 안쪽으로 이어집니다. 박제되거나 복원된 가짜로서의 한옥이 아니라, 그 동네의 정체성이자 집합으로서 한옥이 모여 있는 것은 나쁘지 않을 것 같아서, 북촌 일대, 서촌 일대는 한옥으로 그려보았습니다. 더 내려오면 광화문광장이 있고 종묘가 있는데 모든 건축가들이 광화문광장에 대해 왜 도로 가운데에 섬처럼 만들었느냐고 합니다. 그게 세종문화회관 쪽으로 붙어 있고 차들이 미국대사관 쪽으로만 왔다 갔다 하게 만들었으면 지금보다 훨씬 시민의 편의를 위한 공간이 되지 않았을까 하는 의견에 동의하면서 그림으로 소심하게 표현했어요. (청중 웃음)

도시를 사람의 몸에 비유하자면,
산등성과 고개마다 맞닿은 녹지들은
허파와 같은 기능·역할을 한다고 볼
수 있습니다.

문화재 복원에 대해서도 항상 해도 좋고, 안 해도 좋고 그런 입장인데 그게 좋은지 안 좋은지는 바로 판단하기는 어렵습니다. 그래도 이 그림에서는 있으면 좋겠다, 그래야 모양이 살겠다는 생각으로 숭례문과 서소문을 잇는 성곽이 그려졌고요. 남산으로 올라가면 남산타워가 있고 일반적인 건물들 사이에 보이는 어두운 점들은 문화센터를 상징적으로 그려넣은 것입니다. 녹지가 고궁을 통해서 쭉 내려왔는데 사대문 안은 600년 동안 문명화되다 보니 물리적인 녹지축이 강하지는 않아요. 그리고 70년대 서울에서 녹지축을 연결하는 대신 세운상가 축을 건물로 지었던 적이 있어요. 그리고 2000년대 들어서 보기 안 좋으니까 그걸 부숴서 공원을 만들자고 했던 적도 있었죠. 저는 세운상가의 개발도 우리가 기억해야 될 요소라고 생각해서 일단 그대로 두고 양옆으로 녹지가 이어져나가는 모습을 그렸습니다.

　　최근 무산된 용산개발에는 원래 아무것도 없던, 철도청이 쓰던 땅이기 때문에 밖에서 보이지 않도록 개발을 하자, 지하를 파서 건물이 물리적으로 올라와 있는 대신에 밑으로 쭉 내려가 있게 하자는 그림도 그렸고요. 한강변에 있는 아파트들이 남향을 보고 있으니까 경관을 막잖아요. 아파트를 톱니바퀴 모양으로 세로로 만들면 아파트 뒤에 있는 사람들도 한강을 볼 수 있고 남향을 볼 수 있기에 그런 아파트들을 그렸습니다.

　　강남으로 내려오면 반포주공 1단지 등 주공아파트들이 지금의 형태를 버리고 없어지는 것이 아쉬워서 이것만이라도 도시 형태를 그대로 두고 리모델링하는 방식으로 가면 좋겠다는 바람에서 이렇게 그렸어요. 물론 힘들 수도 있겠지만, 개인적으로는 2030년까지 이런 것들이 남아 있으면 좋겠다는 생각입니다. 이제 국립묘지에서 남쪽으로 내려오게 되고 이런 동네에 광장, 구불구불한 길, 기존의 모습을 유지한 마을, 정자나무 등을 그렸습니다.

그리고 계속 이어져 관악산에서 그림이 마무리됩니다.

　도시인문학이라는 주제로 다시 돌아오면 도시인문학이란 도시와 내가 어떻게 사랑할 것인가, 그리고 사랑할 수 있는가가 제 개인적인 정의이자 저의 관심사입니다. 이 자리에 오신 분들께 드리고 싶은 말씀은 사랑하는 방식은 개개인에 따라 다르기 때문에 여러분들이 살고 있는 도시를 사랑하는 방법들을 각각 생각해주시면 좋겠다는 것입니다. 사랑의 속성상 이 도시가 행복해지면 결국은 내가 행복해질 수 있습니다. 이런 전제가 여러분의 마음속에도 자리할 수 있으면 좋겠습니다.

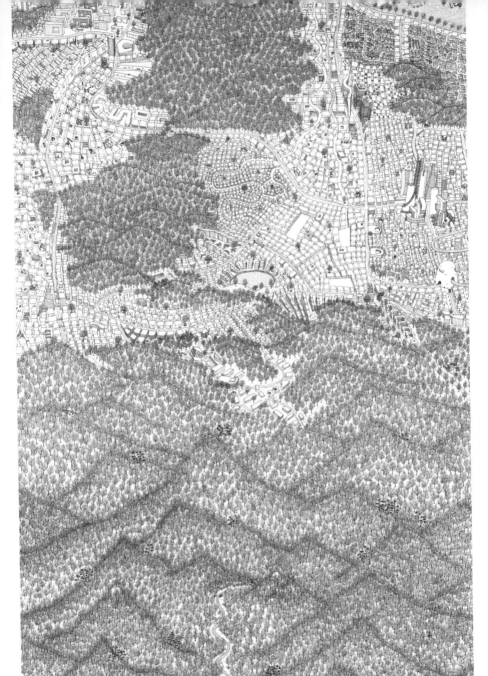

조
한

감동은 공간이 아니라 시간이다

건축계의 음유시인 조한 교수의 책《서울, 공간의 기억 기억의
공간》을 보면 정치, 과학, 예술이 쏟아져 나오고 이를 해결하기
위해 철학이 나타나면서 서울의 시공간은 더욱더 깊어진다. 그의
서울 탐구는 '오랜 시간을 간직한 벽돌의 촉감, 오래된 물탱크의
물냄새, 발 아래 자그락거리는 자갈의 소리, 잘려나간 건물의 구
조를 통해 느껴지는 공간의 기억'을 통해 서울의 시간을 말한다.
서울의 한복판, 이 공간에서 우리는 어떤 기억을 떠올리는가?

제 3 강
감동은 공간이 아니라 시간이다

시간의 기억

오늘 제 이야기의 중요한 키워드는 시간이라는 단어입니다. 시간은 기억의
방식으로 다가올 수 있습니다. 드라마 〈응답하라 1994〉는 1994년에 학창
시절을 보낸 사람들의 이야기입니다. 저는 1994년부터 1995년까지 군대에
있었기 때문에 사실 1994년은 저에게 없는 시간과 마찬가지입니다. 그럼에
도 〈응답하라 1994〉를 보면 공감되는 부분도 많고 어느 순간부터는 마치
제 기억처럼 뭉클하더군요.

　〈응답하라 1994〉가 왜 이렇게 감동적이었을까요? 어떤 기억을 떠올리게
하기 때문이 아닐까요? 하지만 그게 다 여러분의 기억은 아닙니다. 드라마
가 만들어낸 드라마상의 기억인데 마치 나의 기억처럼 느껴지는 부분들이
있죠. 영화도 마찬가지인데 우리가 영화에 몰두하면 주연 배우의 생각이 내

| 〈응답하라 1994〉

생각처럼 느껴지기 시작하고 주인공이 기억을 되찾으면 여러분이 기억을 되찾은 것처럼 느껴질 거예요.

'기억을 떠올린다'는 말은 '기억'과 '떠올린다'는 말로 구성되어 있습니다. 일상생활 중 불현듯 떠오르는 기억의 순간이 있습니다. 그때마다 어떤 뭉클함이 따라오잖아요. 그 기억 하나하나를 따로 떼어내서 잘 들여다보면 별로 감동적일 것이 없는 기억들입니다. 그냥 지나가다 만난 친구들에 대한 기억, 누구와 순대국을 먹었던 기억, 누군가는 야구장에 놀러갔던 기억들이죠. '기억' 자체보다는 기억을 '떠올리는 것'에 더 의미가 있지 않을까요?

기억이 명사적이라고 한다면 기억을 떠올린다는 것은 동사적이죠. 오늘 강의의 주제와 연관시켜 보면 기억은 공간 속에 있는 물체 같은 느낌이고, 떠올린다는 것은 시간적인 것으로 끊임없이 움직이는 장과 같은 것이라고 말씀드릴 수 있습니다.

기억은 여러분에게 현재적인 것인가요, 과거적인 것인가요? 기억은 과거적인데 기억을 떠올리는 것은 현재적인 느낌이죠. 심리학자이자 철학자인 윌리엄 제임스(William James, 1842~1910)는 "과거의 시간을 느끼는 것은 현재의 느낌"이라고 했습니다. 기억을 좀 더 깊이 파고든 사람으로 프랑스 철학자인 베르그송(Henri Bergson, 1859~1941)이 있습니다. 뒤집어진 원추의 꼭지점이 평면에 닿아 있는데요, 이것이 '기억의 원추'입니다. 수많은 사람들의 기억

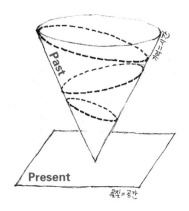

| 기억의 원추

이 쌓여 있는 것이라면, 아래쪽의 평면은 현재의 공간적인 지평입니다. 이 다이어그램은 시간과 공간이 다르다는 것을 기하학적으로 잘 표현해주고 있습니다. 베르그송에게 기억을 떠올린다는 것은 바로 시간의 원추를 자르는 행위입니다. 원추 형태는 어떤 높이, 어떤 각도로 자르느냐에 따라서 매번 다른 단면이 나옵니다.

프랜시스 베이컨(Francis Bacon, 1909~1992)의 〈자화상〉 그림이 있습니다. 베이컨은 "진정한 감각이란 하나의 질서에서 다른 질서로, 하나의 층위에서 다른 층위로, 하나의 영역에서 다른 영역으로 넘어가는 것"이라고 말했습니다. 예를 들어 제가 지금 여러분 앞에서 이렇게 움직이는 것은 하나의 공간 속에서 질적인 변화 없이 물리적으로 움직인 것이기에 '진정한 감각'일 수 없는 것이지요.

이는 기억의 속성과 비슷한 부분이 참 많습니다. 다른 질적인 변화를 느끼기에 기억한다는 것은 시간의 본질적인 형식이나 구조를 느끼는 것이라고 여러분께 말씀드릴 수 있습니다. 그리고 감동은 바로 이러한 질적인 전

| 프랜시스 베이컨 〈자화상〉

이轉移, 즉 질적 움직임이며, 시간의 질적인 움직임의 체험이 또한 감동적인
것이죠.

건축에서의 감동이란

건축에서의 감동이란 어떤 것일까요? 걸작傑作이라고 부르는 작품들은 계
속 봐도 질리지 않습니다. 그런 작품에는 계속 질적인 변화를 느끼게 하는
그 무엇이 있습니다. 이탈리아에 가면 로마 유적들이 많이 남아 있는데요,
로마의 콜로세움Colosseum뿐 아니라 소도시에도 원형경기장들이 많습니다.
베로나의 원형경기장은 베로나 음악 축제의 공간으로도 유명하죠. 이러한
공간의 감동은 어디에서 오는 것일까요? 일단 굉장히 큰 건물이기 때문에
규모 그 자체가 감동의 원인일 수도 있습니다.

베로나의 라피다리오 마페이아노Lapidario Maffeiano 뮤지엄에서의 감동은
고전적인 입면의 황금비례가 아닐까 생각하죠. 하늘을 향해 솟아오른 밀라
노 대성당의 첨탑들을 보면 수직적인 움직임이 감동이 아닐까 생각할 수도
있고요. 밀라노 스포르체스코 성Sforzesco Castle의 아주 오래된 난간을 보면 텍

스처나 물성 때문에 감동을 느끼는 것이 아닌가 생각해볼 수도 있어요.

우리나라 이야기를 해보면, 건축가들이 제일 감동적인 건축 공간으로 꼽는 병산서원 만대루나 부석사, 소쇄원 등이 있습니다. 우리는 보통 전통건축의 아름다움을 이야기할 때 아름다운 선에 대해 이야기하곤 합니다. 하지만 과연 우리 처마의 선이 감동의 원인일까요? 감동에 대해 말하려면 먼저 솔직해질 필요가 있습니다. 처마의 선은 구축 방식에 의해서 어쩌다 보니 만들어진 형태입니다. 처마의 선 때문에 감동이 있다는 주장에 솔직히 저는 수긍할 수 없어요. 우리나라의 전통건축은 형태적으로 거의 똑같이 생겼습니다. 형태적으로 특별할 것이 없다는 것이죠. 그럼에도 그곳에 가면 어떤 울림이 있죠? 감동의 원인이 형태나 공간이 아닐 수도 있다는 말이죠. 어떤 건물을 보고 어떤 식으로 아름답다고 판단하지 말고 몸에서 어떤 식으로 느끼는지에 집중해야 합니다.

모든 공간은 여러분에게 어떤 인지적인 움직임을 촉발합니다. 어떤 사람은 암흑으로 빨려 들어가는 느낌을 받는다면, 또 다른 사람은 바깥으로 휙 날아가는 느낌을 받습니다. 건물은 가만히 있지만 여러분의 몸은 끊임없는 움직임을 만들어내고 있죠. 마치 사진처럼 정지된 화면으로 읽고 있는 것이 아닙니다.

만일 밀라노 대성당에 갈 기회가 있다면 옥상에 꼭 가보시길 추천합니다. 옥상에 올라가면 상승하는 느낌, 신을 만나는 듯한 느낌이 듭니다. 공중 버팀벽flying Buttress과 첨탑의 삼각형 구도가 일소점을 만드는 곳을 한참 바라보고 있으면 어느 순간 빨려 들어가는 느낌입니다. 시간과 장소를 잊어버리게 됩니다. 그건 우리 몸의 감각이 계속 움직임이 있다는 걸 말합니다. 우리가 구도나 비례, 형태로 정의하는 순간 감동의 본질은 사라지고 마는 것이죠. 저는 베로나 원형경기장의 오래된 계단을 밟는 순간의 감동을 잊을 수 없습니다. 계단을 밟는 순간 수천 년간 이 계단을 밟았던 사람들을 만나는 듯한 기분이었습니다. 밀라노 스포르체스코 성의 오래된 나무 손잡이를 잡는 순간엔 마치 수백 년 전 사람들의 손을 잡는 듯한 느낌을 받았습니다. 그 순간의 울림을 잊을 수 없습니다.

병산서원 만대루는 어떨까요? 만대루에 서면 바람과 소리와 향기로 수많은 자연을 만나게 됩니다. 부석사에 처음 갔을 때 저는 무량수전을 보면 눈물이 날 줄 알았어요. 그런데 제가 봤던 수많은 무량수전과 별다른 차이가 없어 솔직히 좀 실망했습니다. 도대체 내가 왜 여길 왔을까 하며 올라왔던 길을 되돌아보는 순간 엄청난 감동이 밀려왔습니다. 소백산의 풍경이 한눈에 들어오자 그동안 제 몸에 쌓여진 감각이 모두 깨어나는 느낌이었습니다.

소쇄원은 힐링이 필요하신 분은 꼭 다녀오시면 좋을 것 같아요. 소쇄원

| 베로나의 원형경기장

| 병산서원·소쇄원

은 처음에 대나무 이파리가 흔들리는 소리가 여러분을 먼저 맞이합니다. 얇은 대나무 이파리가 서로 부딪히며 만들어내는 소리는 참 묘합니다. 그 소리에 조금 익숙해지면 비릿한 물냄새를 맞이합니다. 오래된 물이끼의 내음이죠. 그리고 잠시 후 물소리가 들리기 시작합니다. 그리고 광풍각이 눈에 들어옵니다. 신발을 벗고 그곳에 누워 있으면 지금까지 쌓였던 감각 하나하나가 저를 간지럽히고 어느새 신선이 되는 느낌입니다.

감동의 영역은 자연의 영역이 될 수도 있고 역사의 영역이 될 수도 있고 여러분의 기억일 수도 있습니다. 다양한 방식의 시간으로 수렴되는 거죠. 감동의 원인은 바로 시간인 것이죠. 건축은 왜 음악이나 영화처럼 감동이 쉽게 오지 않을까요? 좋아하는 노래를 들으면 쉽게 뭉클해지고, 감동적인 영화를 보면 쉽게 눈물을 흘리곤 합니다.

극작가이자 비평가였던 고트홀트 에프라임 레싱(Gotthold Ephraim Lessing, 1729~1781)은 자신의 책《라오콘: 시와 회화의 한계》에서 다음과 같이 주장합니다. 호머의 서사시를 읽을 때 라오콘의 고귀함을 느꼈지만, 실제 라오콘의 석상에서는 육체적 고통 외에는 아무것도 느끼지 못했다는 것이에요. 그런 자신의 경험을 바탕으로 '시간'이라는 매체가 필요한 시나 문학과 같은 시간예술이, '공간' 속에서 구현되는 조각과 회화와 같은 공간예술에 비하여 훨씬 우월한 예술이라고 주장합니다.

비슷한 예로, 라파엘로의 유명한 그림 중 하나인 〈성 세실리아의 환희〉라는 그림이 있습니다. 성 세실리아는 음악의 성인입니다. 만약 여러분이 지금 성 세실리아를 그려야 한다면 어떻게 그려야 할지 상상을 해보세요. 아마도 대부분은 성 세실리아가 환희에 차 음악을 연주하는 모습을 그릴 것 같아요. 하지만 실제 그림을 보면 다른 성인들은 이미 악기를 모두 내려놓았고, 성 세실리아 역시 자신의 악기를 막 땅에 내려놓으려 하고 있습니다. 니체(Friedrich Nietzsche, 1844~1900)는 이 그림에 대해 음악을 회화가 담아내는 것이 불가능하다는 것을 라파엘로가 그리고 있다고 주장합니다. 레싱이 '시간예술이 공간예술보다 더 상위의 예술'이라고 주장한 것처럼, 니체는 '내가 음악을 들으면 이미지가 떠오르지만 이미지를 보면 음악이 떠오르지 않는다'고 주장하며 시간예술의 우월성을 주장합니다. 한 가지 재미있는 사실은 니체는 굉장히 눈이 좋지 않았어요. 죽기 직전에는 거의 맹인 수준이었기 때문에 그게 영향을 줬을 수도 있습니다.(청중 웃음)

│ 〈라오콘〉

　여기서 중요한 것은 레싱과 니체 덕분에 공간과 시간에 대해 미학적인 맥락에서 고민할 수 있는 계기를 마련했다는 것입니다. 니체는 소설도 공간예술이라고 말했어요. 음악적 경험이 얼마나 독특하냐면 음악에 빠져 있는 순간, 여러분은 모든 곳에 있죠. 동시에 아무 곳에도 있지 않죠. 우리는 평소에 주체성을 갖기 위해 노력하잖아요. 건축적 경험의 기본조건은 여러분이 움직여야 한다

│ 라파엘로 〈성 세실리아의 환희〉

는 것입니다. 이렇듯 건축적 경험의 가치 중 하나는 끊임없이 여러분의 주체성을 찾도록 요구합니다. 움직이지 않는 순간, 건축은 건축이 아니고 이미지일 뿐이니까요.

시간의 경험은 공감각적인 경험

앙리 베르그송과 아인슈타인 간의 유명한 논쟁이 있습니다. 베르그송은 당시 뜨는 젊은 과학자 아인슈타인을 초청해 논쟁을 벌였습니다. 논쟁이 끝나고 신문에는 베르그송이 노망났다고까지 했는데요, 논쟁의 핵심은 시공연속체라는 개념이었습니다. 칼 세이건(Carl Sagan, 1934~1996)의 《코스모스》에서 시간과 공간은 4차원적인 것이라고 설명합니다. 4차원적이라는 말이 지금은 정상적이지 않은 사람들을 지칭합니다만(청중 웃음), 수학적으로 생각하면 4차원은 3차원보다 높은 게 아니라 단지 3차원적인 공간에 하나의 차원이 더 붙어 있는 것이죠. 아인슈타인이 시간은 공간과 따로 있는 것이 아니라 붙어 있다고 주장하자 베르그송은 4차원적 시간은 단지 시간을 공간적으로 표현한 것이라고 비판합니다. 4차원은 수치적인 개념이기에 베르그송은 아인슈타인의 공간은 지극히 정량적이고 균질적이고 '정도의 차이'라면, 자신이 생각하는 본질적인 시간은 정성적이고 이질적인 '종류의 차이'라고 주장합니다.

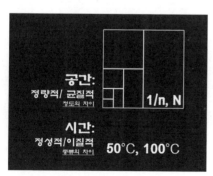

| 베르그송의 시간과 공간의 개념

우리가 일상생활에서 쓰는 개념 중 1/n이 있습니다. n분의 1을 쓸 때 2분의 1로 나누든 4분의 1로 나누든 질적

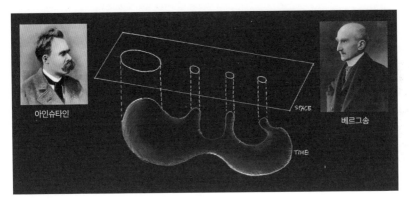

| 시공연속체

인 변화는 없다는 걸 전제로 하죠. 질적인 변화가 있는 순간, n분의 1의 개념은 성립할 수 없습니다. 베르그송은 시간의 속성을 설명하기 위해 온도를 예로 듭니다. 온도는 50도, 100도라고 하는데, 50도의 물을 두 개 합친다고 100도가 되는 건 아니잖아요.

베르그송은 공간적 스크린에 투영된 시간을 우리가 진정한 시간이라 착각하고 있다고 주장하며, 지속(불어로는 duree, 영어로는 duration)이라는 단어를 대신 사용합니다. 또한 각설탕을 예로 들면서, 따뜻한 물에 각설탕을 넣고 용해되는 시간을 다 포함해야만 각설탕의 진정한 속성을 알 수 있다고 주장합니다. 미숫가루랑 설탕물의 차이를 보면 이해가 쉬워요. 미숫가루를 풀어놓은 물은 한참 두면 미숫가루가 아래로 가라앉지만, 설탕물은 완전히 용해되어 변화가 없습니다. 설탕과 물은 질적인 변화에 의해 설탕물이 된 것이죠.

달리(Salvador Dalí, 1904~1989)의 그림 중 〈기억의 지속〉이라는 그림이 있습니다. 시계가 녹아내리는 느낌이 시간의 속성과 맞닿아 있습니다. 여러분은

I 살바도르 달리 〈기억의 지속〉

어떻게 시간을 경험하시나요? 아마도 불현듯 경험하실 거예요. 현대사회에서 살게 되면 시간을 맞추는 게 중요하잖아요. 어디를 몇 시간 만에 가야 하고, 언제까지 무엇을 끝내야 하고, 아침에 일어나서 밤에 잠들 때까지 째깍째깍 움직이게 됩니다. 하지만 중간에 약속이 펑크 나면 비는 시간에 기분은 참 묘합니다. 평상시의 익숙한 벤치도 앉아보면 그 느낌이 다릅니다.

베르그송에게 시간은 아까 말씀드린 소쇄원이나 부석사에서처럼 특정한 감각들이 무엇인가 떠올리게 하는 현상입니다. 어느 날 순대국을 먹다 갑자기 어머니 생각에 눈물이 날 때 진정한 시간의 기억을 경험하신 거죠. 시간의 경험은 지극히 공감각적인 경험입니다. 불현듯이 어머니를 떠올린 맛이나, 친구와의 추억을 되살리는 음악 소리나, 옛날 여자 친구를 떠올리는 향기처럼…. 베르그송은 시간의 간극을 통해서 감정이 나타난다고 이야기했습니다.

역사적 건물들

건축에서 시간을 이야기했을 때 제일 먼저 떠오르는 것은 역사적인 건물들입니다. 오래된 건물은 마치 얼어붙은 시간이라는 생각이 듭니다. 경복궁 서쪽 동네를 서촌이라 부르는데요, 그곳을 가보면 일제시대 때 지어진 1~2층짜리 건물, 1960~70년대 지어진 창고 건물, 1980~90년대 지어진 다세대 주택, 1990년대 이후에 지어진 화강암으로 지어진 빌라까지 모두 만날 수

있습니다. 이곳을 걷다 보면 시간을 따라
서 걷는 느낌이 듭니다. 굳이 역사적인 지
식이 없더라도 제 몸이 그곳에 끌리는 것
은 바로 장소의 시간성 때문입니다. 그 길
을 올라가다 보면 일제시대 군수공장의
기숙사로 쓰였던 벽돌 건물이 있습니다.
그 건물 옆의 벽돌 계단을 올라가면, 아주
오래된 벽돌의 물냄새, 그리고 이끼 냄새
로 시간을 느낄 수 있습니다.

| 서촌의 계단

　저희가 시간을 읽는다고 했을 때 눈으
로 읽는 것 같지만 상당 부분 다른 감각들을 동원합니다. 냄새라든가 소리
라든가 각 공간의 소리들도 다르고요. 심지어는 혓바닥으로 핥아보지는 않
아도 맛으로 느껴지기도 합니다.

　리모델링해서 오픈한 '이상의 집'의 천장을 보면 그곳에 살았던 다양한

| 이상의 집

사람들의 이야기들을 읽어낼 수 있습니다. 원래 한옥의 부재뿐 아니라, 앞에 덧대어 올린 철골에 콘크리트까지, 살았던 사람의 흔적이 느껴지는 공간입니다.

윤동주 문학관

윤동주 문학관의 흥미로운 것 중 하나는 뒷산에 묻혀 있던 콘크리트 물탱크를 활용한 점입니다. 물탱크는 원래 중간에 칸으로 나누어져 있는 공간이었는데요, 건축가 이소진은 첫 번째 공간의 지붕을 걷어내고 중정을 만들었고, 두 번째 공간은 지붕을 그대로 두고 미디어 공간으로 만들었습니다. 중정처럼 만들어놓은 제2전시장으로 들어가면, 위쪽의 하얀 벽과 대비되어 아래쪽의 오래된 물때가 아주 촉각적으로 느껴집니다. 특히 미디어 공간인 제3전시장으로 들어가면 칠흑 같은 공간 속으로 들어오게 됩니다. 유일한 빛은 물탱크를 관리하기 위해 뚫어놓은 위쪽의 작은 입구뿐입니다. 그 칠흑 같은 어둠 속에서 공간은 오래된 물냄새로 다가옵니다. 이렇게 시간은 냄새를 통해서 느낄 수 있습니다.

옥인길에 가면 대오서점이 있습니다. 그곳에 가면 제일 강력한 것은 역시 책 냄새입니다. 마치 다양한 시간의 문을 여는 것 같은 책 냄새의 역량을 거부하기는 쉽지 않죠.

눈의 도시, 눈의 건축

우리 주변에 눈의 도시, 눈의 건축이 참 많습니다. 대표적인 눈의 이미지 중하나가 용산재개발계획의 조감도입니다. 초월적인 그림의 시점은 저곳에 사는 분들에게는 아무런 의미가 없다는 겁니다. 헬기를 타고 구경할 것도

I 윤동주 문학관

I 대오서점

아닌데 조감도적으로 접근했을 때 이곳에 사는 분들의 삶을 담아내는 것은 불가능하죠.

또 다른 예로는 동대문디자인플라자가 있습니다. 이렇게 랜드마크에 대한 집착은 도시의 이미지화를 가속하면서, 정작 그 속에 있는 장소의 맥락이나 시간의 가치를 담아내기 쉽지 않습니다.

레싱이 주장했듯이 공간적인 것이고 이미지적인 것으로는 시간을 담아낼 수 없습니다. 광화문 광장을 한번 볼까요? 광화문 광장을 세울 때 축에 연연해야 했을까요? 축선 상에 굳이 동상을 세워야 했을까요? 만약 광화문 광장을 세종문화회관 쪽에 붙였으면 여러 가지로 쓰임새가 좋았을 텐데 참 아쉬움이 많습니다. 어떻게 보면 우리가 시각적으로 도시를 계획하고 체계

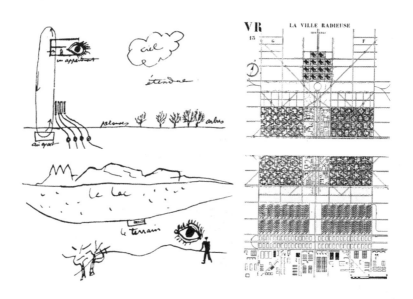

| 코르뷔지에의 스케치

를 세우려는 디자인 방법론을 갖고 있다는 건데 효과는 있지만 가진 한계
는 명확합니다.

근대건축가 르 코르뷔지에의 1920년대 초기 작업에서는 축과 같은 시각
적 체계가 아주 중요했습니다. 르 코르뷔지에의 스케치를 보면 사람을 그려
놓고 그 앞에 거대한 눈을 그려놓았습니다. 그에게는 초월한 시선이 중요했
던 거죠. 코르뷔지에는 심지어 미리 냅킨에 부모님의 집을 설계해서 가지고
다니며 맞는 땅을 찾았다고 합니다. 장소에서 만들어진 건축이 아니라, 자
신의 건축이 장소에 의미를 만들어주고자 한 것이죠.

몸의 도시, 시간의 도시

시각적인 체계와 관념적인 위계를 통해 역사와 자연으로 대변되는 시간을
담아내는 것은 거의 불가능합니다. 결국에 제일 중요한 것은 무엇일까요?
사람입니다. 사람을 담아내는 것은 어떻게 가능하냐는 거죠. 현상학자 메를
로 퐁티(Maurice Merleau-Ponty, 1908~1961)는 《지각의 현상》에서 이런 말을 했습
니다. '우리는 공간이나 시간 속에 있는 것도 아니고 시간과 공간을 관념적
으로 만들어내는 것도 아니다. 우리는 몸을 통해서 시간과 공간을 하나로
엮어준다.' 메를로 퐁티에 의하면 시간과 공간은 바로 우리 몸에 의해 만들
어지는 것입니다. 바로 그런 몸의 건축, 몸의 도시에서 우리는 시간을 느낄
수 있습니다. 제가 자주 가는 곳들을 몇 가지 사례로 말씀드릴게요.

홍대앞 '로베르네 집'은 빨간색으로 되어 있는 부분이 위아래를 연결하
는 부분입니다. 원래 3층에 설치작가가 살고 아래층에 건축가들이 살고 있
었는데요, 건축가들이 나가면서 예술가들이 모여서 술도 마시고 전시도 할
수 있는 공간을 2층에 만든 것이죠. 큰 대중목욕탕에나 쓸 법한 흰색 타일

| 로베르네 집

의 2층 공간은 분위기가 참 묘한데요, 알고 보니 저희 학교 선배님이 흰색 타일을 붙인 장본인이었습니다. 그분께 무슨 특별한 이유가 있냐고 여쭤보니 어이없게도 그저 타일이 저렴해서 붙였다고 했어요.(청중 웃음)

　로베르네 집은 더 이상 예술적 생산의 공간이 아닌 레스토랑으로 변했지만, 그래도 우리가 계속 이 공간을 찾는 것은 '공간의 기억'을 구매하고 소비하기 위해서가 아닐까요? 기억은 아련한 향수가 아니라 본질적으로 몸으로 다가오는 것이며, 자본주의는 그러한 '기억'을 사고파는 것이죠.

경험과 시간의 만남
시간에 대해서 너무 거창하게 생각하지 말고 그저 만남이라고 생각하면 좋

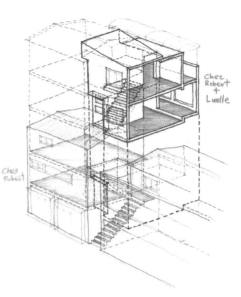

을 것 같습니다. 몸은 각각의 기억을 갖고 있고 만남을 통해 또 다른 기억이 만들어지는 것이죠.

　DDP 둘레길에서의 경험을 잊을 수 없습니다. 아무것도 없는 새하얀 둘레길을 따라 걸어 내려가면 마치 제 사지를 잃는 듯한 느낌이었습니다. 제 눈알을 잃는 것 같고 제 귀를 잃는 것 같은 느낌이었어요. 제 몸은 눈으로 손으로 귀로 코로 감각적인 만남을 갈구하지만 새하얀 공간은 어떠한 감각적인 만남도 제공하지 않았습니다. 3층부터 걸어 내려오는데 버스 소리가 그리워지더라고요. 그 시끄러운 소리가 너무나 만나고 싶어졌습니다. 그러다 바람소리가 들려서 기분이 조금 나아졌는데, 알고 보니 어이없게도 공조시스템에서 나오는 소리였습니다.(청중 웃음) 맥락이든 형태든 DDP에 대한 비판이 많은데 정작 장소의 기억을 떠올리는 감각적 경험의 문제에 대한 논의가 없는 점이 좀 아쉽습니다. 감각적 기억들로 쌓여 하나의 장소성이 구축되는 것인데, 그런 '공간의 기억'도 '기억의 공간'도 같이 사라지는 것이 참 아쉽습니다.

세계 속의 존재

하이데거는 '세계 속의 존재'라는 말을 했어요. 이 말은 '세계가 없는 존재는 없다'라는 거예요. 제가 여기 있으면 여러분이 있고, 저기 나무가 있는 것도 여기 제가 있기 때문이죠. 이런 것들이 다 사라지게 되면 저도 없어지는 거지요. 여러분과의 관계 속에서 제가 만들어지고, 이런 풀냄새라든지 새소리가 어우러져 저라는 사람을 만드는 것이죠. 나이가 들면 제일 두려운 것이 치매입니다. 왜냐하면 사람이 흐릿하게 사라지는 느낌이기 때문이죠. 그건 도시도 마찬가지입니다.

혹시 거울뉴런을 아시나요? 우리는 뇌 속의 거울뉴런 덕분에 앞사람의 얼굴 표정의 변화를 내 표정의 변화로 느낀다고 합니다. 앞 사람의 감정을 내 감정처럼 느낄 수 있는 것이죠. 특히 거울뉴런은 언어학습에 아주 중요한 역할을 하는데요, 아기가 엄마의 표정과 엄마의 말을 연결시켜 언어를 학습한다고 합니다. 그런 현상은 언어에만 한정되는 것은 아닙니다. 공간 지각에도 비슷한 역할을 합니다. 언어영역뿐 아니라, 공간을 인지하는 뇌의 영역에도 거울뉴런이 있다고 합니다.

예를 들어 미끄러운 금속 패널에서 감동을 받기 쉽지 않은 것은, 그것이 어떻게 만들어졌을지 여러분의 거울뉴런이 그려내기 힘들기 때문입니다. 반면에 성당의 오래된 난간이 감동적일 수밖에 없는 것은 그것을 만든 사

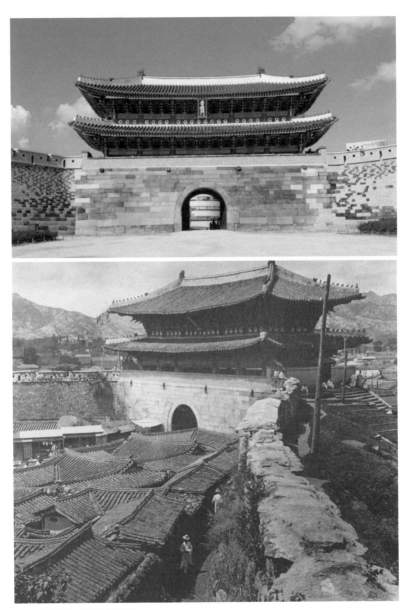

ㅣ 1904년 조지 로스가 찍은 남대문

람이 정으로 쪼고 톱으로 썰어내는 정성스런 과정을 거울뉴런을 통해 우리가 느끼기 때문입니다. 여러분은 '장인의 손길'을 이성적으로 판단하는 것이 아니라 거울뉴런을 통해 온몸으로 느낄 수 있는 것이죠.

기억은 실존의 문제입니다. 여러분이 여러분일 수 있는 것은 지금까지의 수많은 기억들이 쌓여 있기 때문입니다. 여러분의 거울뉴런은 끊임없이 여러분을 구축하는 기억을 활성화할 수 있는 외부자극을 찾습니다, 하지만 그런 자극을 줄 수 있는 기억의 공간들이 점점 사라진다면 여러분 역시 언젠가는 사라지게 됩니다.

기억의 공간이 사라진 '망각의 도시'는 결국 기억을 잃은 좀비 같은 사람들로 채워진 도시가 될 수밖에 없습니다. 공간의 기억은 실존의 문제입니다. 공간의 기억, 기억의 공간을 소중하게 가꿔나가셨으면 합니다.

권기봉

서울을 거닐며 역사를 말하다

충청도 출신 권기봉 작가는 오랜 기자 생활을 했으며 서울시 스
토리텔링 자문위원으로 활동하고 있다. 《서울을 거닐며 사라져
가는 역사를 만나다》《다시, 서울을 걷다》《권기봉의 도시산책》
등 주로 서울의 근현대건축에 관한 책, 혹은 골목을 어떻게 즐기
는가에 관한 책을 썼다. 서울 곳곳에 숨어 있는, 우리가 익히 알
고 있지만 상반된 의미가 녹아 있는 장소들을 중심으로 서울을
살펴보는 시간을 가져보자.

제 4 강
서울을 거닐며 역사를 말하다

저는 충청북도 오지의 촌사람입니다. 제가 처음 서울에 와본 건 초등학교 4학년 때였습니다. 월악산국립공원 인근에 있는 고향에서 버스 한 대로 서울에 수학여행을 왔지요. 그때 제일 먼저 간 곳이 여의도에 있는 국회의사당이었습니다. 두 번째로 간 곳이 63빌딩. 전망대에서 서울을 내려다보고 '크구나'라고 생각하고 앞에서 사진도 찍었는데 이런 것들이 제게 서울의 이미지로 남아 있었습니다.

대학에 입학하면서 책에서만 봤고 수학여행에서만 봤던 서울을 걸어보자고 생각했습니다. 서울을 걸으면서 서울이 그동안 상상하고 있던 것들과 다른 곳이라는 것을 깨닫게 되었습니다. 이런 것들을 저 혼자만 알고 있는 것이 아깝다고 생각해서 서울의 곳곳에 숨어 있는 장소들을 중심으로 책을 쓰게 되었습니다.

한양漢陽, 수선首善, 경성京城 그리고 서울

서울역사박물관에 가면 바깥 분수대 바닥에 그려져 있는 〈수선전도〉는 조선시대 한양의 지도예요. 재미있는 건 한양전도도 아니고 수선전도라고 이름을 붙인 거죠. 왜 한양전도가 아니라 수선일까요? 수선이라는 말은《한서 유림전漢書儒林傳》이라는 책에서 왔습니다. 내용은 건수선자경사시建首善自京師始. 수선은 모범, 으뜸가는 선을 의미합니다. 한 나라의 선善은 수도에서 시작된다는 의미에서 모범의 의미를 갖고 있던 게 수선이었습니다. 한양을 가리키는 여러 말 중 하나가 수선이었어요. 한성, 한양까지는 다들 익숙하시잖아요. 그 외에 장안長安이라고도 칭했고요. 일본의 오래된 수도 교토가 한국식으로는 경도京都인데 서울도 경도라고 표현했던 경우가 있었습니다.

지금은 우리 수도의 이름이 한양, 수선이 아닌 서울이죠. 서울의 어원이 뭘까 생각해본 적이 있나요? 사람은 누구나 이름이 있고 그 이름에는 의미가 있어요. 제 이름에도 숭고한 의미가 있지만 〈맨발의 기봉이〉 이런 영화 때문에 놀림 받았습니다.(청중 웃음) 제 이름에도 좋은 의미가 있듯 도시 이름도 마찬가지 아닐까요. 그럼 서울이란 이름이 어디에서 왔을까요.

국문학자 양주동 박사 연구에 따르면 예전에《처용가處容歌》에서 '새벌'이라는 말이 나옵니다. 처용은 신라시대에 아랍에서 온 사람으로 알려져 있죠. 새벌에서 파생된 단어가 서벌, 서라벌, 그러다 서울로 변화해왔다고 분석합니다. 아직까지 확정된 설은 없지만 가장 많은 지지를 받는 게 새벌입니다. 음운학적으로 연구해봤더니 새는 솟아 있다, 높다란 의미를 갖고 있답니다. 벌은 울타리이고요. 그래서 서울은 높은 울타리, 성곽을 가진 도시가 아닐까 추정하고 있는데요, 이는 동양뿐만 아니라 서양도 비슷한 과정을 거쳐왔습니다. 서양사에서 고대 그리스 아테네를 보면 아크로폴리스Acropolis가 있

고 아고라^{Agora}가 있죠. 아크로폴리스는 고지대에 위치한 도시의 핵심기능을 하는 곳인데 그 뜻이 높다는 뜻의 아크로스(Acros)와 도시라는 뜻의 폴리스(Polis)가 합쳐진 말이라고 합니다. 기본적으로 고대도시들은 군사적인 방어에 신경을 써야 했기 때문에 지리적으로 높이 지어야 했고 그렇지 못했다면 성곽을 둘러쌓아 도시를 보호해야 했습니다. 신라의 수도도 왕성이 있었고 그런 스타일들이 쭉 오면서 서울까지 굳어온 게 아닐까 싶습니다.

한국의 수도는 어디죠? 서울입니다. 북한의 수도는 대한민국 헌법에 따르면 미수복 지역이긴 하나 평양이지요. 일본의 수도는 도쿄, 캐나다의 수도는 오타와, 미국의 수도는 워싱턴 D.C., 브라질의 수도는 브라질리아입니다. 그렇다면 서울이라는 말이 수도를 가리키는 보통명사냐 한국의 수도를 가리키는 수도이냐 하는 의문이 듭니다. 누구나 그렇게 쓰고 있는데, 거기엔 이유가 있습니다.

서울이라는 말 자체는 중요하지 않을 수도 있지만 한국 역사에 있어서 무시할 수 없는 이유는 서울이라는 이름이 한국인에 의해서 지어지지 않았다는 데에 있습니다. 이는 1896년 4월 7일자 《독립신문》 제1호 1면을 보면 알 수 있습니다. 《독립신문》은 한국판, 영문판도 함께 냈습니다. 영문판의 제호 아랫부분을 확대해보면 영어로 'SEOUL'이라는 말이 나와요. 일제강점기에는 이 땅의 수도를 경성^{京城}이라고 불렀죠. 구한말은 서양의 선교사들이 들어오던 시점이었습니다. 이때 이 사람들이 와서 수도의 이름이 무엇이냐고 물었습니다. 이건 아직까지 추정인데 그때 사람들이 도시의 이름을 서울이라고 답한 것 같습니다. 문제는 외국인들이 서울이라는 말을 한양의 공식 명칭으로 받아들였다는 점입니다. 프랑스, 독일, 미국 등의 선교사, 기술자, 외교관들에게 서울은 점차 조선의 수도를 가리키는 말로 받아들여졌습니다.

일제강점기 조선총독부가 택한 이름은 경성京城이었습니다. 일본의 경우 한양도성 같은 도시 전체를 성이 둘러싼 도시는 없었거든요. 그 사람들이 서울에 와보니 도시 성곽이 특이해 보였나 봐요. 그래서 도시의 명칭이 성곽으로 둘러싸인 도시, 즉 경성이 된 겁니다. 문제는 1945년 8월 해방 이후였습니다. 도시의 이름을 어떻게 할 거냐는 논쟁이 있었습니다. 많은 사람들은 '경성', '케이죠'라는 명칭을 버리고 싶어 했어요. 대안으로 나온 것에는 한양도 있었고 여러 가지가 있었는데 그때 지명위원회를 열어 서울이라고 정하자고 결정합니다. 그 이유는 서울의 국제성과 당시 미군정 때 외국인에게 혼란을 주지 않기 위해서였습니다. 그런 면에서 서울은 한국에서 한자가 없는 유일한 도시명일 겁니다.

숭례문과 보신각종

서울에 대해 관심이 증폭된 시기가 있었습니다. 2008년 2월 10일, 숭례문 화재 사건이 있었을 때입니다. 2007년까지만 해도 서울에 대한 연구 서적은 많았지만 대중 서적은 그리 많지 않았거든요. 2008년 숭례문 화재 사건을 기점으로 서울에 관한 책들이 상당히 많이 나오기 시작했어요. 특히 숭례문은 국보 1호라는 상징성 때문인지 몰라도 스님, 목사, 다양한 민간신앙을 가진 분들이 기도회를 할 정도로 큰 관심을 받았습니다. 숭례문이 불타면서 인식이 달라지기 시작했고 가장 먼저 달라지기 시작한 게 아무래도 자본이었던 모양이에요. 그래서 광고도 만들어지기 시작합니다.

2008년 화재 당시 한 달도 안 돼서 나왔던, 영화배우 이범수가 출연한 LG텔레콤 광고입니다. 엄마와 딸아이가 시내버스 안에서 대화를 하는 장

I 종로 보신각

면에서 시작합니다. 엄마가 '이게 보물 1호 동대문이야!'라고 하자 딸아이가 그럼 '보물 2호는 뭐야'라고 물어보죠. 보물 1호, 2호는 관리순서일 뿐이지 문화재의 가치순서가 아니에요. 사람들은 보물 2호를 기억하지 못해요. 참고로 말씀드리자면 보물 2호는 보신각종입니다. 마침 뒤에 앉아 있던 이범수가 휴대전화로 검색해보니 보물 2호는 보신각종이라고 나옵니다. "이 버스가 보신각에 가나?" 하고 모녀가 들으라는 식으로 크게 얘기를 해요. 그러다 '오즈'하면서 광고가 끝나요.

휴대폰 광고를 만든 이유는 휴대폰의 검색 기능을 알리기 위해서인데요, 숭례문 화재 사건 직후에 문화재를 소재로 만들었어요. 그런데 그 광고조차 잘못 만들어졌다는 데 문제가 있습니다. 보물 2호로서의 보신각종이 어디 있나 제대로 검색을 했다면 "이 버스가 보신각에 가나?" 하고 말을 하면 안 돼요. 지금 보신각에 걸려 있는 종은 보물 2호가 아니에요. 제대로 검색을 했다면 '이 버스가 국립중앙박물관에 가나'로 말했어야 합니다. 보물2호 보신각종은 균열이 심해서 국립중앙박물관에 있거든요. 종을 계속 밖에 두면 깨질 수 있다고 해서 1980~90년대에 국립중앙박물관으로 종을 옮겨버리고 보신각에 아예 새로운 종을 걸었습니다.

1년 뒤 이 광고를 만든 통신사와 광고제작사에 문의를 했습니다. 이런 걸로 이야기 들은 적이 있냐고 물었더니 금시초문이라고 하더군요. 숭례문 화재 사건을 이용해 만든 광고지만 이조차도 잘못되었다는 겁니다. 그만큼 우리가 문화재를 도식적으로 받아들이고 있고, 외우는 대상, 바라봄의 대상, 우러름의 대상으로 바라보고 있구나 싶었습니다. 그러면서 주변의 다른 문화재 현장을 돌아보게 되었습니다. 어떤 것들이 잘못 받아들여지고 알려졌었나 두 가지 사례를 들어볼까 합니다.

제야의 종소리는 우리의 전통이 아니다?

정동 덕수궁 돌담길을 따라 대한문을 지나 오거리를 따라 쭉 올라가면 미대사관저인 하비브하우스가 나오고 예전 영성문 자리를 지나 오른쪽으로 가면 덕수초등학교가 있습니다. 이곳은 원래 경성중앙방송국이 있던 자리입니다.

일제는 민족어말살정책을 펴면서 조선어 사용을 금지했죠. 그런데 이 방송은 독특하게 1채널 일본어, 2채널 조선어가 있었습니다. 그게 지금의 KBS 1과 2로 이어지고 있거든요. 조선어로 라디오 방송을 한 이유는 조선을 사랑해서가 아니라 일본어를 모르는 조선인에게 일제의 정책을 알리기 위해서였습니다. 또 하나의 특징은 이른바 종편방송이라는 겁니다. 보도만 하는 보도전문 채널이 아니라 뉴스도 하고 연속극도 하고 오케스트라도 하

고요. 당시 오케스트라 단장이 홍난파였죠. 암튼 그 사이사이에 뉴스를 끼워넣는 겁니다. 뉴스만 주구장창 틀어대면 재미가 없어 안 듣게 되니까요.

당시 라디오 방송 PD들이 1928년 1월 1일을 기념하고자 기획을 했어요. 1927년 방송국이 세워졌으니 방송국 입장에서는 처음 맞는 정초였던 거예요. 색다른 이벤트를 위해 낮 12시에 꾀꼬리의 울음소리를 들려주기로 했습니다. 야간 방송이 없으니까 1월 1일 특집으로 정오에 꾀꼬리의 울음소리를 들려주려고 한 거예요. 새벽 6시, 꾀꼬리를 담요에 싸서 정중하게 가져왔는데 PD들의 심산으로는 담요로 빛을 가리고 있다가 치우면 꾀꼬리들이 아침인 줄 알고 울어줄 줄 알았던 거죠. 실제로 낮 12시가 돼서 담요를 치웠는데 아뿔싸, 꾀꼬리는 묵묵부답, 입도 뻥긋하지 않습니다.(청중 웃음) 그래서 1928년 1월 1일의 이 시도는 실패합니다. 그런데 근성 있는 PD들이었던 것 같아요.(청중 웃음) 1929년 1월 1일에 다시 시도합니다. 그때 머리를 써서 한 게 뭐냐면 남산 서울애니메이션센터 근처에 있는 본원사에서 작은 종을 빌려다가 종을 치는 겁니다. 그리고 아나운서가 '새해가 밝았습니다'라고 말하는 거죠. 태평양전쟁 전까지 일본과 미국의 사이는 굉장히 좋았습니다. 그런데 태평양전쟁이 벌어지자 일제가 다양한 것들을 공출해가게 되죠. 라디오 방송 역시도 군국주의적인 정책의 희생양이 됩니다. 방송 자체가 전쟁을 독려하고 참전을 유도하는 것으로 쓰이게 되고 1월 1일의 종소리도 그런 수단이 돼요.

'흥아의 소리'라는 게 있습니다. 아시아가 흥하는 소리라는 의미죠. 흥아의 소리는 대동아공영권 내에서 일본이 러시아를 막아내고 동아시아가 풍요롭게 살자는 의미를 지니고 있는데요, 일본 도쿄에서 종을 치면 나고야에서 치고 오사카에서 치고 서울에서 치고 조선보다 15년 먼저 식민지가 된

타이완에서 종을 치는 식이었습니다. 요즘에야 이원 생중계 많이 하잖아요. 이때도 그런 것을 했었고 종소리 자체가 전쟁의 도구가 됩니다.

해방 뒤 한국전이 끝나고 종소리 방송이 KBS에 의해서 다시 시작돼요. KBS 홈페이지에 들어가보면 지금도 방송의 전신을 1927년 경성방송이라고 명시해놓았거든요. 일제강점기에는 어용방송이었죠. 이 방송이 일본으로부터 시설과 기술만 물려받은 게 아니라 방송프로그램도 그러한데요, 그 중 하나가 매년 1월 1일 하는 제야의 종소리입니다. 그걸 오래된 전통으로 받아들이고 있고 많은 이들이 1월 1일이 되면 틀어놓는 생중계 소리인데, 실질적으로 그 시작은 고려, 조선의 전통이 아니라 일제 때 방송사의 이벤트에서 시작되었다는 것, 군국주의의 도구였던 소리를 우리는 전통으로 알고 있는 겁니다. 일종의 '만들어진 전통'인 거죠. 의도한 건 아니지만 우연히 만든 이벤트가 우리의 대표적인 전통행사처럼 자리매김한 겁니다.

이완용과 서재필이 독립문을 만들었다?

마지막으로 하나의 예를 들 텐데요, 독립문獨立門입니다. 앞에 돌기둥 두 개가 있습니다. 용도는 뭐였을까요? 깃발을 꽂는 깃대가 아니라 원래는 한 문의 기둥이었습니다. 문의 이름은 영은문迎恩門이었습니다. 영은문은 환영할 영迎 자에 은혜로운 은恩 자를 써서 은혜로운 나라의 사람들이 오는 문이라는 뜻이죠. 지금의 독립문 사거리 중앙에 있었습니다. 중국 사신들이 육로를 통해 한양에 당도하면 저 문에서 환영행사를 열곤 했는데, 그들의 서울 입성을 기념하기 위해 만든 문이었습니다. 외교적인 목적에서 만들었지만 구한말이 되면서 바뀌었는데요, 사대주의의 상징이라는 말이 나오자 영은문을 그대로 둬야 하는가에 대한 문제가 제기되었습니다. 결과적으로 영은문을 헐고 이 돌기둥만 남겨두었습니다. 그리고 이 자리에 들어선 것이 독립문, 사대주의의 상징을 헐고 독립의 상징을 세웠습니다. 독립문은 기본적으로는 프랑스 파리의 개선문을 본뜬 것이지만, 상징의 전복인 거죠.

일제강점기 조선신궁이 있던 남산에 안중근의사기념관을 세우고, 이토 히로부미를 기리던 박문사를 헐고, 박정희 정권 시절에 '민족중흥'이란 글씨를 암각으로 크게 새기는 등 어느 정권, 어느 시대에든 상징의 전복이 이루어졌습니다. 영은문과 독립문의 관계도 비슷한 상징의 전복인 거죠. 이라크전이 끝나고 가장 먼저 허물어진 것이 후세인의 동상이고 구소련이 무너질 때 가장 먼저 쓰러진 것도 레닌 동상이었어요. 이런 것처럼 권력 교체기에는 종종 상징의 전복이 일어나게 됩니다.

독립문이 세워질 당시 재미있는 면면을 발견할 수 있습니다. 한자와 한글로 독립문이라 새겼는데 그 글자를 누가 썼을까요? 1924년 동아일보 기사에 '교북동 독립문'이라는 기사가 실렸는데, 이렇게 쓰여 있어요. "그 위에 쓰여 있는 독립문이라는 세 글자는 이완용이 쓴 거랍니다. 조선귀족후작 각하올씨다." 독립문이 독립의 상징이라 배워왔는데 이완용의 글씨라……. 이완용 하면 보통 매국노, 을사오적, 친일파 이런 말이 떠오르죠. 그런데 이완용은 독립문을 세울 때 상당히 많은 돈을 냈어요. 이완용은 친미파이기도 했었고 친러파이기도 했습니다. 결과적으로는 친일파에서 정지되었죠.

독립문에 관한 일화는 이완용만 있는 게 아닙니다. 서재필 박사의 이야기도 나옵니다. 독립문 뒤에 있는 동상이 독립신문과 독립협회를 만든 서재필 박사의 동상입니다. 그런데 그는 이 땅에서 서재필이라는 이름을 쓰지 않았습니다. '제이슨 서' 혹은 '필립 제이슨 서'. 'P.J.서'라는 이름을 썼습니다. 아마 뼛속까지 미국인이 되고 싶었던 게 아닐까 싶습니다. 그가 독립신문에 쓴 사설의 일부입니다. "일본의 유명한 정치가 이토 히로부미가 이달 쯤 서울에 오는데 일본의 큰 정치가이자 대한민국이 독립하는 데 큰 공이 있는 사람이다. 이번에는 관광을 하러 오니 정부와 인민들이 크게 환대해주길 바란다."

| 독립문

우리가 생각하는 독립신문과 크게 상반된 이미지들이 그려지죠. 독립신문은 개화파들이 만든 것인데 당시 서재필을 비롯한 개화파들의 인식의 한계를 느낄 수 있어요. 당시 세상이 돌아가는 제국주의적 방식, 약육강식, 적자생존 이런 것들을 제대로 파악하지 못한 나머지 일본이 주장하는 대로 러시아의 남하를 막고 일본을 통해 아시아를 보호하자는 논리를 그대로 가져오게 되는데 그런 인식들을 확인할 수

| 영은문

있는 내용들이죠. 이완용, 서재필 등이 중심이 되어서 독립문을 만들었습니다. 그러다 보니 독립문이라는 이름과 달리 실제 독립과는 달랐던 거예요. 예컨대 경성부청, 서울시청에 이어 지금은 서울도서관이기도 한데요, 1928년도에 대대적으로 수리작업을 하고 1936년에는 '고적'으로 지정해서 보호하게 됩니다. 그런데 일본은 앞서 조선의 왕실, 마지막 왕인 고종과 관련된

시설들을 다 없애버렸거든요. 그냥 헐어버린 것이 아니라 목조건물이기 때문에 해체, 이전, 재조립이 가능하니 그걸 요정이나 일본 사찰로 팔아버립니다.

독립문은 독립이란 이름을 갖고 있었지만 철거하지 않고 문화재로 지정했습니다. 일본 입장에서는 이 건물이 상당히 중요한 의미가 있었던 거예요. 왜일까요? 독립문의 독립의 의미는 완전무결한 독립이 아니라 중국으로부터의 독립을 의미했던 문이기 때문에 일본 입장에서는 상당히 바람직한 문이었다는 겁니다. 그 자리가 영은문을 허물고 만든 자리이기도 했고, 역사적 종주국인 중국으로부터 벗어나 일본과 가까워지는 것을 상징하는 문이었다는 거죠.

문만이 아니라 역사적인 사건만 봐도 그렇습니다. 청일전쟁을 벌이고 청과 일이 시모노세키 조약을 맺습니다. 조약 1조 1항의 내용은 조선이 자주독립국임을 인정한다는 겁니다. 조선은 조약 당사자가 아닌데 그게 1조에 나오는 게 무슨 의미냐면 중국은 조선 문제에서 손을 떼라는 거죠. 일본이 향후 조선과의 이권 협상을 할 때 중국을 거치지 않고 1 대 1로 직접 협상을 하겠다는 겁니다. 그런 맥락 속에서 존재하던 문이 바로 독립문이었다는 거죠.

최근 2년 전인가요? 서대문구청과 지역구 국회의원이 예산을 갖고 독립문공원 성역화사업을 했습니다. 독립문과 그 뒤에 있는 서대문형무소를 하나로 뭉뚱그려 자주독립의 상징 장소로 윤색을 한 거죠. 원래의 의미는 그게 아닌데 누구 하나 관심을 갖지 않고 독립문이 그런 의미로 받아들여지는 게 현실입니다.

한국에서 과거의 기억이 가장 많이 남아 있는 서울

제가 본 서울은 과거의 기억들, 특히 근현대사의 현장들이 한국에서 가장 많이 남아 있는 도시입니다. 그런데 이것들을 대충 그러려니 받아들이는 순간 정반대의 의미로 곡해되거나 오해되는 부분들이 적지 않습니다. 서울을 걷다 보면 만나게 되는 옛 현장의 안내판들, 거기에 쓰여진 것뿐만 아니라 그 이면에 있는 것도 볼 필요가 있지 않을까요? 그것을 제대로 볼 때 한국의 역사에 대해 다면적으로 파악할 수 있지 않을까요?

예를 들면 경복궁에 갔을 때 어떻게 봤느냐에 따라 경복궁이 달리 보일 수 있거든요. 경복궁을 갔을 때, 광화문을 지나 근정전, 경회루를 보는 게 일반적인 코스이자 보통의 방식인 것 같습니다. 경복궁은 임진왜란 이후 조선 말 고종 흥선대원군에 의해 재건되기까지 200~300년 동안 폐허로 남아 있었습니다. 실질적인 사용기간은 짧았지만 경복궁이 조선시대의 궁궐을 상징하는 것처럼 남아 있는데요, 저는 경복궁을 가면 왼쪽, 예전에 국립중앙박물관이 있던 곳으로 들어갑니다. 지금은 국립고궁박물관으로 바뀌었죠. 그곳에 부도탑 하나가 쓸쓸히 서 있어요. 예전에는 부도탑이 여러 개 서 있었지만 많은 부도탑들이 용산의 국립중앙박물관으로 옮겨갔습니다. 이 부도탑은 원주에 있던 건데 법천사지지광국사현묘탑法泉寺址智光國師塔이라는 다소 긴 이름을 가졌습니다. 한국전 당시 폭격을 맞아 산산조각 났던 것을 접착제로 붙여놓았기 때문에 혹시 또 옮기다 훼손이 될까 봐 옮기지 않았던 겁니다.

경복궁이 조선의 정궁이기는 했지만 실질적인 사용기간은 짧았고 일본에 의해 이용된 궁궐 중 하나입니다. 일본이 경복궁에서 5~6차례 엑스포를 열어요. 당시 이름은 박람회, 공진회였죠. 행사의 전시를 위해 지방에 있던 유명한 문화재들을 가지고 와서 전시물로 쓰게 됩니다. 그게 해방 뒤에도 제자리로 돌아가지 못하게 된 겁니다. 그런 점들로 미루어 보면 경복궁이라는 곳은 보는 시각에 따라서 조선시대를 상징하는 공간이기도 하지만, 일제 강점기를 상징하는 공간이기도 합니다. 때로는 문화재들이 마구 왔다 갔다하고 지금도 제자리를 찾지 못하고 덩그러니 놓여 있는, 외딴 섬처럼 되어 있는 공간이기도 하고요.

서울을 걷는 방식, 사고하는 방식에 여러 가지가 있겠지만 이번 강의가 그 이면의 것을 보는 계기가 되었으면 합니다. 그러면 또 다른 서울이 보이고 또 다른 내가 보이지 않을까 싶습니다.

● 서울을 '원더랜드'라고 표현하셨는데, 원더랜드로서 서울을 접했을 때 그 느낌이 어떠셨나요?

권기봉 제가 어렸을 때 살던 고향에는 식당이 딱 하나 있었습니다. 짜장면도 팔고 짬뽕도 팔고 불고기도 팔고 모든 음식을 파는 곳이었습니다. 심지어 나중에는 빵도 팔면서 빵집 역할까지 했는데요, 서울에 와서 보니까 공장, 오피스, 가정집 등 다양하게 분화된 도시의 모습을 볼 수 있었습니다. 시골사람으로서 서울이라는 곳이 달동네에서 고급주택까지 한국의 모든 것을 집적하고 있는 데에서 놀라움을 갖게 되었습니다. 그런데 겉모습만 다른 게 아니라 살아가고 있는 사람들의 속내, 이야기, 고향, 추구하는 것들이 다 다르고 이게 서울이자 한국이라는 생각을 하게 되자 서울에 관심을 더 가지게 되었습니다.

● 　제천 출신으로서 서울에 대해서 잘 이해하는 것 같지만, 나이 마흔이 되면 제천에 대해 걷고 이야기를 해보는 기회가 필요하다는 생각이 드는데요, 이에 대해서는 어떻게 생각하시는지요?

권기봉　저는 제 고향을 걷지 못했다기보다는 걷지 않았던 것 같아요. 제 고향의 산들은 저를 포함한 그곳 사람들에게는 노동의 공간이었지, 탐구의 대상은 아니었던 것 같습니다. 그런 의미에서 고향에 대해서 쓰는 것은 쉽지 않을 것 같고 지금 그곳에서 살아가는 분들이 쓰는 게 맞을 것 같습니다. 오히려 서울에서 태어났더라면 서울에 관한 책들을 쓰기 쉽지 않았을 수도 있습니다. 너무나 익숙해져버린 주변에 대해 호기심을 갖기란 쉽지 않을 것 같거든요.

● 　걷는다는 것과 도시를 이해하는 것 사이에는 어떤 관계가 있는지 말씀해주시면 좋겠습니다.

권기봉　걷는다는 것에는 속도가 중요하다고 보는데요, 일단 저는 부산에 갈 때 속도가 실감나지 않는 KTX를 타지 않고 되도록 무궁화호나 새마을호를 타려 합니다. 그걸 타는 이유가 거리를 느껴보고 싶기 때문입니다. 걷는다는 것도 마찬가지거든요. 걸으면서 주변을 돌아볼 여유가 생기게 되고 가다가 주민분들이 말씀을 나누고 계시거나 어떤 행위를 하고 계실 때 여쭤볼 수 있고 그런 여유가 생길 수 있는 물리적인 것들이 있어요.
　또 하나는 냄새를 맡을 수 있고 온도를 느낄 수 있다는 거죠. 제가 라디오 프로를 할 때랑 텔레비전 프로를 할 때랑 접근 방법이 상당히 달라요. 라디오 프로에서는 장면을 볼 수 없기 때문에 소리로 전달을 해줘야 하는 부분이 있는데 청취자 입장에서는 걷듯이 전달을 해주면 좋은 거죠. 서울을 걷게 되면 다양한 냄새들을 맡을 수 있는데, 장소를 기억하는 데 있어서 후각의 에너지가 상당합니다. 서울을 느끼는 오감을 살릴 수 있는 방법은 걷는 게 아닐까 싶습니다.

● 《다시, 서울을 걷다》에서 '다시'라는 의미가 뭔지 여쭤보고 싶습니다.

권기봉 《서울을 거닐며 사라져가는 역사를 만나다》라는 제 책이 2008년 숭례문 화재 사건 보름 전 나왔습니다. 이 책은 주로 일제강점기까지 상황을 다뤘고요. 《다시, 서울을 걷다》는 일제강점기 이후, 해방 이후의 내용을 다뤘는데요, 그동안 서울에서 다뤄온 다양한 장소들, 절대 잊어서는 안 되고 논의가 되어야 할 부분들에 대해 다시 한 번 서울을 걸어보자라는 의미에서 '다시'를 넣었습니다. 어떻게 보면 절박한 의미이기도 하죠. 지금도 벌어지고 있는 재개발, 이주민의 문제들도 다루게 되었고요.

● 작가님께서 서울에서 가장 좋아하고 즐겨 찾는 장소가 어디인지, 왜 그곳을 즐겨 찾는지 여쭤보고 싶습니다.

권기봉 저는 외국에서 친구들이 왔을 때 기회가 되면 서울 국립현충원에 데리고 갑니다. 그곳이야말로 한국의 현대사가 응축되어 있는 곳이자 우리가 생각해볼 지점이 있는 장소거든요. 한국전쟁 당시 만들어진 국군묘지

가 지금의 국립현충원이 된 것입니다. 일반 사병들의 묘지 크기는 가로, 세로 각각 3.3제곱미터, 1평이고요, 장성쯤 되면 몇 배로 커집니다. 전직 대통령의 묘로는 이승만 대통령, 박정희 대통령 내외, 김대중 대통령의 묘가 있는데 왕릉 같아요. 가장 볕이 잘 드는 자리에 있고요. 여기에 권위주의적인 한국 사회의 모습이 고스란히 반영되어 있는 것이거든요.

독립운동가들도 많이 계시지만 안장 '당하신' 분들도 계세요. 대한민국 임시정부에서 독립운동가로 활동한 조경한 선생님의 유언은 '백범 김구 선생이 묻혀 있는 효창공원에 묻어달라'는 것이었지만 현충원에 안장을 당했죠. 왜 그분이 현충원에 묻히길 싫어했을까를 보면 이곳은 독립운동가뿐 아니라 그들을 탄압했던 순사, 군인들이 함께 묻혀 있는 복합적인 공간이기 때문이죠. 일본 아베 총리의 야스쿠니 신사 참배 문제를 비판하지만 과연 한국의 국가 추도 시설이 순진무구하고 순결하기만 한 곳인가요? 서울 국립현충원에 한국 사회를 잘 알고 싶어 하는 외국인 친구들을 데려 가서 이런저런 이야기를 하다 보면 오늘의 이야기까지 이어지게 됩니다.

그다음 가게 되는 곳이 종로 피맛길입니다. 그곳에 가서 막걸리나 소주한 잔을 하면서 이야기를 합니다. 이곳은 군사정권 시절 최루탄 연기를 피한다는 뜻에서 피연避煙길이라고 불리기도 했죠. 피맛길은 조선시대부터 일제강점기, 그리고 지금에 이르기까지 서울이 변해온 모습을 볼 수 있기에 의미가 있죠. 사람마다 기억과 의미 있는 장소는 다르겠지만 제게 그런 장소는 서울 국립현충원과 종로 피맛길입니다.

● 자라나는 어린이들에게 꼭 알려주고 싶은 게 있다면 무엇인가요?

권기봉 저는 제 미래의 아이랑 역사적 현장에 가게 되면 별 설명을 안 해 줄 것 같아요. 그 대신 새소리를 듣게 유도하고 색깔들을 보게 하고 풍광을 느끼도록 해줄 것 같습니다. 제 자식들을 데리고 다니면서 여러 경험을 하게 하고 자연과 외부세상에 대한 친화력을 길러주면 성인이 되어 어딜 가게 되더라도 그 DNA가 살아나지 않을까 하는 생각이 듭니다. 책을 읽다가 무엇에 관심을 갖게 되면 징검다리 건너듯 참고도서 같은 것을 찾아서 보게 되는 것처럼 그런 면에서 어떤 것을 알려주기보다는 그냥 기회, 경험의 장을 마련해주는 게 가장 필요한 게 아닐까 생각합니다.

● 저는 남산 밑 후암동에서 태어나고 자라서인지 남산이 저에겐 정원이자 놀이터 같고 남산에서 후암동 골목골목 가는 길도 많은 기억과 정취를 가지고 있습니다. 그런데 사람들이 후암동 뒷골목 이야기, 해방촌 이야기를 잘 모르고 아직까지 관심이 적은 것 같아 아쉽습니다. 오늘 강의를 듣다 보니 권 작가님이 그곳에 대해 글을 써주셨으면 좋겠습니다.

권기봉 제가 2008년과 2012년, 두 권의 책을 연달아 쓰게 된 것은 절박함 때문이었습니다. 저 같은 경우는 유홍준 키드였죠. 대학에 와서 《나의 문화유산답사기》를 보면서 여행을 다니게 되었습니다. 그런데 문화유산 답사를 다녀보니 우리의 삶과 너무 먼 이야기인 것 같은 거예요. 그래서 가까운 역사, 근현대사에 대해 찾아봤습니다. 근현대사가 얽힌 건물들이 여러 정치적·경제적 논리로 인해 철거가 이뤄지고 있더라고요. 어렸을 때 있었던 스카라극장은 새벽녘에 헐려나갔고 서울시청사는 새벽녘에 부수다가 시민들에게 걸려서 공사가 중단되고, 서울이란 이 도시가 정말 빠른 속도로 변해가는 상황에서 더 늦기 전에 기록으로 남겨야겠다고 해서 글을 쓰게 되었습니다.

후암동 말씀을 하셨는데 제가 이태원 경리단길에서 3년을 살았습니다. 그 근처의 해방촌은 한국전쟁 때 피난민들의 인큐베이터 같은 역할을 했던 곳이에요. 미군기지 뒷산이라서 사람들이 살지 않던 그곳에 움막을 짓고 그게 점차 연립주택으로 바뀌게 된 것인데요, 지금도 북한에서 내려온 피난민의 흔적들이 고스란히 남아 있습니다. 그중 하나가 해방교회인데요, 선천을 비롯한 황해도에서 내려온 분들 중에 기독교신자분들이 많아서 그런 것 같습니다. 한국전 당시 군경모자녀원이라는 시설이 있었는데 전쟁 당시 홀로 남겨진 여성과 아이들을 위한 복지시설이었어요. 처음 만들어질 때는 불법이었지만 지금은 미혼모를 보호·지원하는 시설로 바뀌어서 사용되는 살아 있는 역사의 한 장이죠. 그런 부분에 대해서 언젠가는 다뤄봐야 할 것 같습니다. 서울이라는 공간에서 다뤄야 할 것들이 많습니다. 서울은 한국의 인구 대부분이 몰려 있을 뿐만 아니라 다양한 역사적 사건의 중심지 역할을 했기 때문에 이 작업을 여러 사람들과 함께 했으면 좋겠다는 생각이 들어요.

서울에 대한 다양한 책들이 나왔지만 지금까지는 주로 건축에 집중이 되어 있습니다. 서울 토박이의 구술사를 집대성한 책이 나오기도 하지만 여러 작가들과 개인들이 이 작업에 동참해줬으면 하는 바람이 있고요. 그나마 서울은 복 받은 게 서울에 대해 책을 쓰는 사람들이 많아요. 그런데 한국에 근대가 들어왔다는 인천 제물포에 대한 책은 몇 권 없습니다. 부산? 그나마 몇 권 나오기는 했지만 반응이 썩 좋은 건 아니고요. 목포 책? 대구 책? 사실 가야 할 길이 멉니다. 저만이 아니라 여기 계신 분들도 SNS 등 여러 가지 것을 통해 서울을 자기만의 방식으로 한번 느껴보고 공유하고 소통해가면서 정보교류나 그런 작업에 동참해주셨으면 좋겠다는 생각이 듭니다.

조용헌

풍수지리로 살펴본 서울

동양학자 조용헌 교수는 한의학 및 풍수지리학과 함께 강호동양
학의 3대 과목으로 일컬어지는 사주명리학을 '미신'의 수준에서
'학문'의 영역으로 복권시켰다. 또한 사주명리학에 내재된 삶의
지혜를 대중들과 공유하는 데 앞장서왔다. 풍수는 하늘의 별자
리의 중심이라는 뜻인데, 그의 해박한 지식과 지혜를 통해 역사
적인 도시 서울이 풍수지리적으로 최고의 도시인 이유에 대해서
알아보자.

제 5 강
풍수지리로 살펴본 서울

북두칠성과 하늘 시계

기독교 주기도문에 '뜻이 하늘에서 이루어진 것같이 땅에서도 이루어지이다'라고 하는 내용이 있듯이 동양사상 또한 하늘에서 출발했습니다. 그런데 동양의 하늘은 하느님이라기보다는 '별'을 얘기했습니다. 성경에도 동방박사가 별을 보고 예수의 탄생을 알았다고 하는 걸 보면 다 점성과 관련되지 않았습니까? 결국은 서양도 마찬가지인 거 같아요.

동양에서는 별자리, 특히 '북두칠성北斗七星'이 굉장히 중요했어요. 옛날에 시계가 없었을 때는 북두칠성의 모양을 보고 시간을 짐작했습니다. 그래서 북두칠성을 '하늘의 시계'라고 생각한 셈이죠. 북두칠성은 별 7개가 모여 모양을 이루는데, 6번째 별과 7번째 별의 사이를 시침이라고 여겨 그것이 어떤 쪽을 가리키는가를 보는 겁니다. 별들은 하룻밤에도 돌거든요. 그래서 북두칠성을 '시간의 신'이라고 본 겁니다.

칠성을 고대사회에서는 '칠성님'이라고 했어요. 늙는다는 것 그리고 죽는다는 것은 시간을 다 써버렸다는 걸 말하는 겁니다. 시간을 다 써버린 사람은 시간의 신 북두칠성에게로 다시 복귀해 되감기 태엽을 감는 거죠. 우리가 옛날에는 태엽을 감아서 시계에 밥을 줬잖아요. 그것처럼 칠성님한테 돌아가면 써버린 시간을 다시 준다고 여긴 겁니다. 그래서 명 짧은 사람은 칠성님께 공을 드렸어요. 다른 말로 하면 칠성기도를 드리는 겁니다. 군대에서도 사람이 죽으면 그 시신을 판에다 얹어놓는데 관에 칠성이 딱 점 찍혀 있습니다. 칠성판 위에 얹는다는 건 생을 마감했다는 얘기죠.

또 우리가 '그 양반 돌아가셨다' 이런 표현을 쓰는데 이건 어디로 돌아갔느냐 하면, 태엽을 다시 감으러 칠성신한테 돌아갔다는 말이에요. 태엽을 다시 감으러, 죽었으니까 칠성신 있는 데로 가서 시간을 다시 감아야 될 거 아닙니까. 그래서 이 북두칠성이 우주에 매달린 거대한 하나의 시계였습니다. 오메가 시계보다도 더 오래된 거대한 시계인데, 이 시계가 하루도 돌지만 봄, 여름, 가을, 겨울 일 년 사계절도 돌아요. 뜨는 방향은 조금씩 다릅니다. 북두칠성이 북극성과 가까이 있는데 북극성을 축으로 해서 시계 반대 방향으로 돕니다. 계절별로도 돌고, 하루에도 돌고. 그래서 저는 봄, 여름, 가을, 겨울로 사계절 도는 모습을 형상화한 게 '윷판'이 아닌가, 그런 생각을 합니다.

북두칠성과 윷판

개인적인 추론이라 맞을 수도 있고 틀릴 수도 있으니 참고로 들어주세요. 윷판의 형태는 다들 아시죠? 보통 오른쪽 아래부터 시작하면 이 가운데는

| 북두칠성

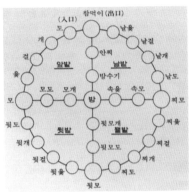

| 윷판

컴퍼스를 찍는 데니까 여기는 빈 공간입니다. 칠성이 사계절 봄, 여름, 가을, 겨울로 돌면 일 년이 되는 겁니다. 윷놀이를 할 때 말을 쓰는 자리를 윷밭이라고 하는데 이 윷밭을 세어보면 28개예요. 29개라고 할 수도 있는데 가운데는 빈 공간이니까 의미가 없어요.

윷놀이를 한다고 가정해보죠. 4개의 윷을 던져서 나올 수 있는 결과에 '도, 개, 걸, 윷, 모'가 있습니다. 이 결과에 따라 각각 말을 움직이게 되는데 여기서 '도'는 1이고 '모'는 5입니다. 이것을 오행五行으로 볼 때는 '수水, 화火, 목木, 금金, 토土'로 봅니다. 행성이죠? 그리고 여기다 '일日, 월月'을 합치면 또 7개예요. 그러니까 우리가 윷놀이를 할 때 윷이 엎어지느냐 뒤집어지느냐는 음양陰陽 즉 '일, 월'을 표시한 거고, 그 결과를 가지고 1, 2, 3, 4, 5로 건너뛰어서 말을 세워가는 건 '수, 화, 목, 금, 토'라고 말합니다.

윷놀이를 주로 언제 하죠? 명절, 특히 설날에 많이 하죠. 그러니까 우리가 연초에 윷판이라는 캘린더를 통해 우주의 1년을 미리 한 바퀴 도는 예행연습을 해서 한번 돌아보는 겁니다. 다시 말해 윷놀이를 한다는 건 예를 들어 올해 스케줄에서 5월달에는 무얼 하고 6월달에는 무얼 한다는 그런 의미로, 옛날에는 이렇게 윷놀이하면서 짚어본 거예요.

별자리와 중경^{中京}

북두칠성이 7개고 윷판에도 7이 있고 또 하나가 28수(고대 중국에서 하늘의 적도에 따라 그 부근에 있는 별들을 28개의 구역으로 구분하여 부른 이름)가 있어요. 하늘에 있는 우리 별자리입니다. 뜻이 하늘에서 이루어진 것 같이 땅에서도 이루어진다는 것이, 동쪽에는 7개의 별이 있는데 '각항저방심미기角亢氐房心尾箕'라고 그랬어요. 동방 7수입니다. 동쪽에 있는 7개의 별, 그 모습을 청룡으로 생각했어요. 그 선을 이으면 청룡의 형상을 하고 있다고 본 거죠.

그다음에 해가 동쪽에서 떠서 남쪽으로 가죠. '정귀유성장익진井鬼柳星張翼軫' 이게 다 별자리 이름입니다. 남쪽에 있는 별은 주작으로 봤습니다. 공작, 봉황, 주작, 뭐 날짐승과가 다 남쪽에 있는 별이죠.

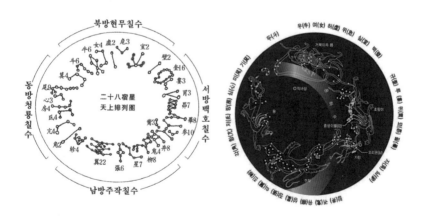

┃ 동방7수: 동방 청룡을 의미하는 7개의 별
　남방7수: 남방 주작을 의미하는 7개의 별
　북방7수: 북방 현무를 의미하는 7개의 별
　서방7수: 서방 백호를 의미하는 7개의 별

그다음에 '규루위묘필자삼奎婁胃昴畢觜參'. 이것은 서쪽입니다.

'두우여허위실벽斗牛女虛危室壁', 북쪽의 별입니다.

그래서 청룡, 주작, 백호, 현무가 되고 또 이 별자리들을 다 합치면 28개가 됩니다. 그러니까 윷놀이와 윷판은 대단히 묘한 건데 아까 빈 공간이라고 말씀드렸던 곳이 중심으로, 서울이 여기 있다 이거예요. 이 우주, 가장 근원적으로는 28수의 4가지, 28개의 동서남북 별에서 호위를 받는 우주의 중심에 서울이 있다고 생각했어요. 윷판의 중심, 만다라의 중심이라고 보는 거죠. 물론 이건 제 개인적인 생각입니다.

또 아시아를 대표하는 도시를 꼽자면 동경, 서울, 북경 아닙니까? 그래서 서울을 군이 한문으로 고친다면 저는 '중경中京'이 맞지 않나 그렇게 생각하고 있어요. 중경, 우리가 가운데다 이겁니다. 북경은 북쪽에 치우쳐 있고, 동경은 동쪽에 치우쳐 있고, 우리 서울이 중심이거든요, 그래서 중경이라고 생각합니다. 서울은 우리말이기 때문에 한자로 표기하면 이상하게 되잖아요? 그래서 의미로 한다면 중경이라고 할 수 있겠습니다.

세계의 여러 도시

제가 세계 여러 도시를 다녀봤는데 그중 몇몇 도시에 대해서 말씀을 드릴까 합니다. 먼저 북경은 평지인데 치명적인 약점이 있습니다. 바로 물이 없다는 점입니다. 그래서 북경은 전염병이 창궐할 수 있는 곳입니다, 사스SARS라든가 A1 조류독감이 발생하면 도시 전체가 큰 문제가 될 곳이에요. 그래서 제가 볼 때 북경은 풍수적으로 사람이 살기가 그리 좋지 못합니다.

제가 재작년 겨울에 한국 사람들 많이 사는 '왕징(베이징의 북동부인 차오양구에 있는 주거지역)'에 한 달간 머물렀습니다. 그런데 북경이 불과 한 십 몇 년 사이에 엄청나게 발전을 했잖습니까? 40~50층은 되는 그런 빌딩을 수천 개는 지은 것 같아요. 인류 역사상 최단기간에 이렇게 갑작스럽게 지은 도시는 북경이 처음입니다. 불도저도 있고 인력도 있으니까 바로바로 지어서 20년 내에 결판을 내버린 거예요. 그런데 이렇게 되다 보니까 공기순환이 안 되는 심각한 문제가 발생합니다. 그리고 40~50층 빌딩을 만들면 거기서 나오는 매연가스 같은 것이 얼마나 많겠습니까? 도시가 인공 콘크리트숲으로 꽉 차니까 매연가스가 나오는 겁니다. 겨울에는 바람이 잘 안 불고 추우니까 목이 칼칼해지기 쉽죠. 저는 북경에서는 못 살겠더라고요. 2~3일씩은 있어봤어도 한 달 동안 머물러본 건 처음인데, 정말 힘들었습니다.

자동차라는 게 불을 때는 난로를 하나씩 가지고 다니는 꼴인데, 차 엔진으로 전부 열불을 내고 있는 거예요. 그럼 이걸 식혀줄 물이 있어야 하는데 북경엔 샛강 정도는 있지만 큰 강이 없어요. 그런데 지금 북경에 인구가 한 2천만 명이 넘습니다. 게다가 엄청 건조한 도시죠. 도시가 건조하면 아파트에 가습기가 없는 것처럼 아주 팍팍합니다. 그래서 사람들의 정서라든가 이런 것도 굉장히 팍팍해지기 쉽죠. 류현진 선수가 LA다저스에서 공을 던질 때, 구장마다 습도가 다르다고 말하는 걸 들은 적이 있어요. 그러면 공 잡는 감각이 습도 상태에 따라 달라진대요. 그래서 변화구를 던질 때 제구력 같은 게 손의 습도, 그 미세한 촉감이 공 던지는 데 회전력하고 연관이 있다는 겁니다. 그래서 류현진 선수는 '오늘은 습도가 맞았다.' 그런 말을 종종 하더라고요. 그게 무슨 이야기인가 했더니만 제구가 잘 돼서 공이 잘 들어갔다 이겁니다. 공 던지는 것 하나까지도 프로들은 섬세하기 때문에 습도가 정확히 있어야지 자기가 원하는 대로 던진다고 판단하는 겁니다.

도쿄는 가보니까 강은 많지만 산이 없는 평지였습니다. 강이 많은 건 좋

아요. 문명이 전부 불의 속성을 가지고 있기 때문에 현대도시는 물이 있어야 합니다. 자동차 엔진, 엘리베이터, 전기, 취사기구 등 모든 게 다 불이잖아요. 그러니까 현대인들이 공황장애를 많이 겪는 겁니다. 다른 말로 하면 화병, 상기증 이런 증상을 물로 식혀줘야 해요. 그래서 현대문명은 물을 얼마나 확보하고 있느냐가 굉장히 중요한 거라고 봅니다. 도쿄는 물은 많은데 문제는 산이 없다는 거죠. 이런 면에서 산과 물이 가장 조화를 잘 이루고 있는 곳이 바로 서울입니다.

뉴욕도 물은 참 좋아요. 맨해튼Manhattan도 허드슨 강Hudson River하고 이스트 강East River 이쪽이 물이 좋지요. 맨해튼은 섬인데 그게 다 바위더라고요. 바위는 기운이 굉장히 강합니다. 그 속에 돌이 들어 있기 때문에 기운이 센 거예요. 철분, 미네랄, 구리 이런 게 다 들어 있지 않습니까? 장항제련소에 가서 돌을 집어넣어보면 금속이 나옵니다. 그러니까 돌에는 그런 광물질이 많습니다. 인체의 피 속에도 광물질이 있죠. 철분도 있고 심지어 사람을 화장하면 백금도 0.1g 정도 있다고 해요. 철분이 부족하면 빈혈에 걸리기 쉽죠.

사실 알고 보면 지구라는 하나의 거대한 자석의 기운이 우리 몸 안으로 피를 통해 들어오고 있습니다. 한 2시간 정도 돌산을 어슬렁어슬렁 다니면 왠지 모르게 에너지가 쫙 몸에 들어오죠. 암벽등반하는 사람들은 5~6시간씩 매달려 있잖아요? 바위에 매달려서 기를 받으니까 기가 빠질까 봐 집에 가서 샤워도 안 한다 그러더라고요.(청중 웃음) 그런데 문제는 산 밑에 가서 꼭 막걸리하고 파전을 먹는 거예요. 바위에서 얻은 걸 산 밑 주막집에서 다 까먹는 거지요. 주막집을 조심해야 됩니다.(청중 웃음)

하여간 맨해튼은 물이 많으니까 여름에 쾌적해요. 서울보다 더 쾌적하지요. 바위에서 에너지 올라오지 양쪽 강에 물도 있지 그러니까 공기순환도 잘 되고 시원합니다. 그런데 맨해튼도 보니까 911 테러가 났던 세계무역센터, 그곳이 양수리더라고요. 제가 비행기를 타고 가면서 보니까 맨해튼이 대강 돼지족발처럼 생겼어요.(청중 웃음) 그래서 맨해튼은 돈족혈, 돼지족발혈이라 말할 수 있고 그래서 돈이 많습니다. 돼지꿈을 꾸면 돈이 들어온다고들 하잖아요? 근데 그 돼지족발 모양이 도심부 끄트머리쯤 있더라고요. 허드슨 강하고 이스트 강이 만나는 양수리입니다. 대개 강물이 만나는 데는 명당이 많습니다. 그런데 맨해튼도 산이 없습니다.

이와 달리 서울은 대도시에 산이 있죠. 한두 개도 아니고 굉장히 많은데 그중에서도 돌산으로 유명한 북한산의 정상이 대략 800미터입니다. 저렇게 암산이 있는 데는 세계 유명 도시 중에는 거의 없어요. 스위스는 있겠네요. 그렇지만 스위스의 경우 인구 1,000만이 넘는 메트로폴리탄이 아니어서 여기서 논할 필요는 없을 것 같습니다. 스위스에 있는 마테호른Matterhorn은 노적봉인데 그 노적봉이 보이는 데는 보통 돈이 많이 모인다고들 합니다. 문필봉일 수도 있고요. 그래서 스위스에서 마테호른이 보이는 데가 인물이 많이 나옵니다.

서양 도사들은 마테호른이 보이는 그 근방에 많이 사는 것 같아요. 서양 도사는 하이 소사이어티High society, 즉 상류층 사이에서 비밀리에 전수되는 문화고 이와는 반대로 동양의 경우는 샤먼, 점쟁이 이런 식으로 불리면서 하급 문화로 내려왔어요. 서양은 귀족 클럽에서 이너 서클(Inner circle, 내집단)끼리만 공유하는 문화입니다. 외부인들도 잘 모르고 아시아에도 잘 알려지지 않았습니다. 칼 융(Carl Gustav Jung, 1875~1961), 루마니아 출신 미국의 종교학자 미르체아 엘리아데(Mircea Eliade, 1907~1986), 그리고 루돌프 슈타이너

(Rudolf Steiner, 1861~1925)를 서양의 3대 도사라고 하는데, 그중 루돌프 슈타이너는 《자유의 철학》, 《괴테의 세계관》, 《신지학》 등을 쓴 독일의 사상가예요. 그는 스위스 바젤Basel과 인연이 깊으며, 바젤은 기운이 뭉친 도시라고 말합니다.

이상적 풍수와 위치

동양의 풍수에서는 산과 강이 배합을 이룬 데를 가장 이상적인 장소로 칩니다. 그 이유가 산에서 '불'이 나온다고 보고, 강은 '물'이기 때문에 결국은 물과 불이 있는 셈이죠. 인간의 '문명'은 불이고 '생태'는 물이에요. 즉, 문명과 자연생태입니다. 문명은 불이라는 걸 아까 설명했는데 그러면 왜 산이 불일까요? 아까 바위 얘기도 했었죠? 산 속에 바위가 있어요. 흙으로 둘러

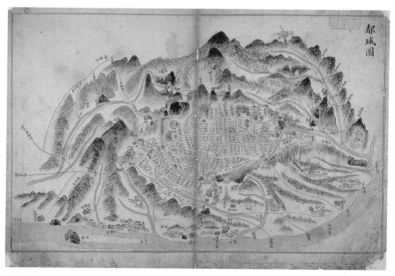

| 〈도성도〉

싸여 있어도 바위가 있습니다. 거기서 불의 에너지가 나오는 겁니다. 그래서 이렇게 바위산 같은 데에 있으면 기운이 팍팍 들어옵니다.

평창동 같은 데 있는 기운 좋은 집에 가서 1~2시간 차를 마시다 보면 기운이 납니다. 고스톱을 치더라도 평창동에서 쳐야 되겠다는 생각이 들고요.(청중 웃음) 몸이 예민한 사람들은 기운이 올라오는 걸 느낄 겁니다. 저는 평창동에 있으면 기분이 좋아져요. 원고를 쓰더라도 덜 지치고 새벽 2~3시까지 얘기를 해도 끄떡없습니다. 강남이나 청담동 이런 데가 호화로워 보이긴 한데 제가 그런 곳에 가면 힘을 못 써요. 기운이 떨어지는 거지요. 종로나 강북은 밑에 화강암이 많이 깔렸습니다. 그리고 희끄무레한 흙, 마사토 아시죠? 돌에서 흙으로 변해가는 중간 단계인데 그게 깔려 있으면 기운이 좋은 겁니다. 돌은 너무 세고, 흙은 너무 약합니다. 비유하자면 미디엄Medium으로, 돌은 웰던Well-done으로 너무 바싹 구워진 거죠.(청중 웃음) 종로 일대가 그래요. 안국동이나 지금 풍문여고 자리도 알고 보면 그 라인이 다 옛날 조선왕조 때 산실이 있던 데거든요. 왕비 이하 비빈들은 다 그쪽에서 아이를 낳았다고 해요.

또 바위는 두뇌를 유독 혹사시키는 직업에 참 좋아요. 저는 그래서 연속극 드라마 쓰는 김수현 씨나 바둑 두는 조훈현 기사나 그런 사람들이 평창동에 사는 건 풍수지리적으로 일리가 있다고 봅니다. 그런 사람들에게 맞는 겁니다. 전기에너지가 들어가면 피를 통해서 돌겠죠? 그럼 전기에너지가 피를 타고 대뇌세포 같은 데를 마치 배터리 충전시키듯 계속 충전시켜주는 거예요. 그러니까 머리에서 스파크가 튀어서 내일까지 드라마 대본을 150매 써야 되는데, 그런 것이 되는 거죠. 그다음에 예술가들, 예술가도 반샤먼입니다. 스파크로 먹고 사는 사람들이에요. 예술가라는 게 거의 무당이 돼야 되는 겁니다. 저는 피카소 얼굴도 박수무당의 얼굴이라고 봐요. 영감은 다 성령충만 영혼충만이 있어야 되는 것이거든요. 그래서 한번은 토탈미술관 관장님한테 물어보니까 평창동은 아티스트가 거의 350명 정도 산대요.

반면에 기업인하고 관료들은 평창동에 가서 기운이 너무 많이 들어오면 안 좋습니다. 관운이라는 건 뭐냐, 소의 코뚜레를 뚫는 거거든요. 관운이 좋은 사람은 하라는 대로 해야 돼요. 끌면 끄는 대로 하는 거죠. 그런데 평창동에 가서 기운이 들어가니까 '저는 말입니다…' 하면서 직언하고 들이받아 버리면 관운이 없게 되는 거죠.(청중 웃음)

서울의 풍수지리

서울은 대도시인데도 불구하고 북한산 같은 바위산이 있고 한강이 있습니다. 이게 아주 기가 막힙니다. 그리고 새끼 한강이 청계천인데 이걸 '내당수內堂水'라고 합니다. 집 대문 앞에 물이 흐르는 게 내당수인 거죠. 내당수를 볼 수 있는 데가 전남 구례에 가면 있는 '운조루'입니다. 운조루 대문 앞에 맑은 개울물이 흘러서 거기서 빨래도 하고 참게도 잡아먹고, 그런 게 있는 게 좋아요.

경복궁으로 보면 서울의 좌청룡이 낙산 아닙니까? 인왕산이 백호입니다, 우백호. 그러니까 낙산은 서쪽의 '규루위묘필자삼', 이 별들이 내려와 있는 겁니다. 그리고 동쪽의 인왕산은 '각항저방심미기' 이 7수가 내려와 있는 거예요. '뜻이 하늘에서 이루어진 것같이 땅에서도 이루어지이다'로 청룡, 백호는 동물도 동물이지만 하늘의 별자리, 28수가 최초죠. 28개의 별이 동서남북으로 나를 지켜준다, 방어해준다 이겁니다. 그 별로부터 에너지를 받고 별자리의 중심에 있으니까 명당이라는 거죠.

　서양의 경우는 터키의 이스탄불 같은 데가 굉장히 오래된 도시인데 그걸 '옴파로스Omphalos'라고 얘기합니다. '배꼽', '자기가 우주의 중심이다' 등의 얘기를 '옴파로스'라는 단어로 표현합니다. 그런데 우리는 배꼽이나 인체에 비유한 게 아니잖아요. 하늘의 중심이라는 건 28수의 가운데에 있다는 거예요. 물론 제가 안 가본 나라도 많지만, 메트로폴리탄 3개의 대도시 중에 이렇게 완벽하게 조화를 이룬 도시는 없습니다. 동아시아 수도 가운데는 서울이 유일합니다. 좌청룡 우백호, 서울의 경복궁을 중심으로 할 때 주작은 남산이에요. 그리고 내당수 청계천이 흐르고 외당수外堂水 한강이 흐르고 산과 강, 그걸 '배산임수背山臨水'라고 하죠? 우리 동양철학에서는 '산남강북山南江北'에 '양기陽氣'가 뭉쳐 있다고 얘기합니다. 산의 남쪽이면서 강의 북쪽, 여기에 양기가 있다는 거예요. 이게 동양에서 수천 년 동안 내려오는 전통입니다. 그러니까 강북 지역은 북악산 자락의 남쪽이잖아요 그러면서 강의 북쪽이니까 여기가 전부 양이라는 겁니다. 그럼 양은 뭐냐, 불의 기운이라는 거예요. 그런데 이 불은 물로 또 싸여 있어야 돼요. 물, 불이 같이 있어야 하는 거죠.

　서울은 바위와 물이 배합되어 있어요. 그래서 아파트에 사는 경우 3층 이상 높이에 살면 올라가는 바위의 지기가 약해져서 바위의 기운을 잘 못 받게 됩니다. 보통 나무가 올라가는 데까지는 기운이 올라간다고 보거든요. 그래서 평균적으로 40대 중반이 넘어가면 저층에 사는 게 좋다고 저는 생각해요. 대체적으로 사람은 40대 중반, 혹은 50대 초반부터 기력이 떨어지잖아요, 이때는 저층에 살면서 땅의 기운을 좀 받는 게 좋아요. 예민하면 땅에서 올라오는 기운이 몸으로 스멀스멀 전달되는 게 느껴져요. 저 같은 경우는 좋은 바위 같은 데 앉아 있으면 이마가 팽팽해집니다. 김수현 작가 예를 들었지만 글은 뭐냐, 불로 쓰는 거거든요. 그래서 글 같은 걸 쓰려면 불이 팍팍 소모되는 데, 바위 위에 있으면 이게 충전이 된단 말입니다. 그러니까 요즘 사람들이 옥매트나 돌침대를 놓는 것과 같아요. 아파트 고층에 사니까 배터리가 충전이 안 되잖아요. 돌침대, 옥매트 이런 걸로 메꾸는 거죠. 그리고 가습기, 물이 또 문제란 말입니다.(청중 웃음)

누차 말씀드리지만 현대문명은 물을 어떻게 보강하느냐가 중요합니다. 그래서 요즘은 물이 보이는 데가 최고 명당입니다. 당연히 한강이 보이는 데가 명당이겠죠? 집값이 비싼 이유가 있는 겁니다. 그리고 대개 요즘 이 스파크로 먹고 살거든요. 아이큐라든가 아이디어가 중요한 사람들은 물로 계속 식혀줘야 됩니다. 미국의 유명 대학을 가보니까 도서관 앞에는 공통적으로 다 분수가 조성되어 있더라고요. 서양인들도 뭔가 아는 거죠. 책을 보고 뭔가 열 받으니까 분수대에 와서 앉아 있으면서 물로 식히는 겁니다. 그러니까 저는 한강이 없었더라면 서울에 엄청난 살인 사건 같은 게 더 많이 발생했을 거라고 봅니다. 한강이 있으니까 그나마 이걸 식혀주는 거예요. 그리고 또 불이 떨어지면 배터리가 떨어지는 거거든요. 북한산의 바위에서 충전이 되는 거죠. 그러니까 서울이 도쿄나 북경보다도 한 수 더 위라고 보는 겁니다.

그런데 풍수에 대한 개념이 없어서 그동안 서울이 난개발이 되어왔죠. 그래도 기본 상태가 워낙 좋기 때문에 괜찮아요. 제가 로마나 런던, 파리 같은 데서 살아본 사람들 얘기를 들어보니까 로마에 살면 팔라티노 언덕Colle Palatino도 있고 얼마나 좋아요. 그런데 그게 별 게 아니래요. 작은 언덕이기 때문에 서울의 성북동이나 서울 성곽 같은 큰 데 비하면 비할 바가 아니라는 겁니다. 파리도 마찬가지죠. 그리고 요즘 제가 부암동 같은 데 가보면 이건 뭐 완전히 심산유곡深山幽谷입니다. 대도시가 바위 속에 들어가 있는 셈이죠.

그래서 서울은 윷판의 가운데 있다, 그리고 28수 북두칠성, 음양오행의 7개 별의 중심에 우리가 있다, 이겁니다. 윷판을 다시 압축하면 태극입니다. 서울은 음양과 산수가 한가운데 있는 거예요. 아까도 말씀드린 대로 도쿄는 산이 약하고 북경은 물이 약합니다. 원나라하고 청나라는 유목민족이 세운 나라 아니에요? 여진족, 몽골족들이 자기 동네 가까운 데다 수도를 세운 겁니다. 원래 한족이 수도를 세운다고 하면 남경이 맞는 거죠. 남경이 천경이라고 하는 말이 있습니다. 그러니까 태평천국의 난 때 남경을 수도로 정했어요. 남경은 풍수가 좀 다르죠. 남경은 진시황 때도 '남경에서 계속 왕이 난다'는 말이 있었습니다. 그 때문에 진시황이 죄수들 시켜서 남경 토목 공사를 많이 진행했고, 남경으로 들어오는 산맥의 맥을 많이 끊어버렸어요.

중국에서 '강남'이라고 그러면 양자강 이남이에요. 풍수도참사상에서 '강남 사람은 쓰지 말라' 이랬어요. '언젠가 반란을 일으켜서 우리 왕조를 뒤엎을 것이다' 그래서 진시황이 남경을 철저히 누르려고 맥도 끊고 그랬는데, 그 뒤로도 남송이라든가 계속 거기서 왕조와 인물이 나왔어요. 우리나라에도 고려 때 훈요십조를 보면 '금강 이남을 쓰지 말라'는 말이 나오죠? 그게 다 진시황 때 양자강 이남, 즉 남경을 쓰지 말라고 한 걸 그대로 빌려온 겁니다. 그런데 이성계가 전주 사람이니까 강남 사람이죠? 그래서 이성계가 용비어천가 15장인가에 아무리 강남을 견제했어도 인물이 나오는 걸 막지를 못한다는 얘기를 써놓은 겁니다. 이렇듯 서울은 풍수지리로 보면 완벽한 도시죠. 저는 이 도시에서 사람들이 지금보다 조금 더 행복해지면 좋겠습니다.

로버트 파우저

서울의 오래된 골목 이야기

미국 미시간 주에서 태어난 로버트 파우저 전 서울대 교수는 아버지가 2차대전 때 일본에 파병돼 일찍부터 동아시아에 관심을 두었다. 일본에서 10년 동안 지내다 서울의 약수동과 혜화동, 안암동 등지에서 살았다. 종로구 체부동 서촌에 대지 21평(건물은 12평)짜리 낡은 집을 구입해 작은 한옥을 짓고 사는 '외국인'의 눈에 비친 서울의 골목길은 어떤 모습일까?

제 6 강
서울의 오래된 골목 이야기

골목이란 무엇인가?

국어사전을 보면 '골목'은 "큰길에서 들어가 동네 안을 이리저리 통하는 좁은 길"이라고 나와 있습니다. 영어사전에는 "alleyway, byway, narrow path" 하여튼 작은 길이라는 거죠. 그리고 일본말로는 횡정橫町, 노지路地인데 이런 말은 주로 교토에서 씁니다. 큰길인지 작은 길인지 차가 다니는지 아닌지 깨끗한지 아닌지, 예쁜지 아닌지 이런 말은 없죠. 그냥 작은 길에 대한 정의입니다.

　골목은 역사적 공간, 물리적 공간, 정신적 공간 이렇게 세 가지 관점에서 말씀드릴 수 있습니다. 역사적 공간으로서 골목은 자동차가 생기기 전에 주로 길이었습니다. 전 세계적으로 보면 자동차라는 교통수단이 생기고 난 후에는 더 이상 골목을 안 만들기 때문에 '역사적인 공간'이 된 것입니다. 그러니까 골목은 5년, 10년, 20년 전에 만든 공간이 아니고 아주 오래된 역사적 공간으로 그 도시의 역사, 구조를 다 반영하고 있습니다. 그래서 골목은 출발부터 역사적 공간이 된 거죠. 그리고 세계적으로 골목이 많은 곳은 대부분 오래된 도시예요. 주로 문명사회 중심의 도시죠. 예를 들어 로마라든가 아테네라든가 그리고 동양에서는 서울, 교토처럼 오래된 도시들은 문명형성에 중요한 역할을 했던 왕이 살았거나 중요한 종교 시설이 있었는데 그러한 도시들은 다 골목이 있는 거죠. 그래서 골목은 역사적인 도시에 많고 골목 그 자체가 역사를 반영하는 공간입니다.

물리적 공간으로서 골목은 물리적으로 있는 것이기 때문에 옆에 건축물이 있고 뒷배경하고도 어떤 관계가 있습니다. 예를 들어서 제가 사는 골목은 경사가 조금 있어서 장마철에는 물이 어떻게 흐르는지를 볼 수 있습니다. 그리고 골목은 사람이 있고, 어떤 환경하고 소통하는 그런 공간이죠. 골목은 물리적인 공간에 있기 때문에 늘 변하는 것이죠. 어떤 집이 낡아서 집을 고치면 그 골목의 경관이 변하게 되고, 날씨 때문에 골목이 변하고, 어떤 사업을 시작하면서 갑자기 변하는 경우도 많습니다. 의도적인 변화가 아니더라도 날씨나 그런 것 때문에 변화가 항상 일어나는, 어떤 생태라고 볼 수 있습니다. 골목은 물리적 공간으로 있기 때문에 사회가 어떻게 그 공간을 보는지, 사회의 공간관을 반영하는 것이죠.

최근에 교토에 갔다 왔는데, 교토의 골목길에 있는 집들은 모두 재건축이 불가능합니다. 골목이 좁아서 지정된 도로가 아니기 때문에 재건축이 가능하지 않다면 그 집들이 낡아 수리를 해야 할 때는 어떻게 할지가 고민인거죠. 제2차세계대전 이후 급성장 개발주의를 반영해 오래된 좁은 골목은 가치가 없고 도로가 아니기 때문에 건축을 못 한다는 사고방식을 반영한 거죠. 물론 교토사람들이 그것에 대한 반감도 있고 어려움도 많이 느끼고 있고, 법과 시 조례가 사회에 반영되기도 합니다. 한국도 마찬가지인데 여러분이 서촌에 집을 사고 싶으면 부동산에 가서 골목 안쪽에 있는 집은 좀 싸지 않나 그런 얘기를 할 것입니다. 이 역시 그 공간을 사회의 변화에 따라 보는 것이죠. 젊은 사람들은 골목을 보는 눈이 달라졌습니다. 저는 미국 사람이기 때문에 골목이 있는 게 좋아 보입니다. 차가 없는 건 오히려 매력적이죠. 소음도 없고 안전하기도 하고 아담하기도 하고 여러 가지 이유로 공간관이 영향을 받게 됩니다.

정신적인 부분도 있어요. 골목은 추억과 기억이 있죠. 이 두 단어를 보면 한국말이 참 멋지다고 생각합니다. 추억과 기억이 어떤 차이가 있는지 한국 사람한테 설명해달라고 하면 쉽게 설명을 잘 못해요. 추억과 기억은 분명 다른 것으로, 기억은 객관적인 메모리memory인데 추억은 어떤 애착이나 정을 갖고 있는 것이죠. 골목에 살던 사람이 모두 추억을 갖고 있는 건 아니에요. 어떤 사람은 별로 안 좋은 기억을 갖고 있을 수도 있어요. 그래도 골목에 살았구나 아니면 골목에서 태어났구나 이렇게 추억이나 기억이 있는 것이죠. 그게 정신세계입니다. 제가 서촌에서 서울대까지 왔다 갔다 하면서 지하철에서 페이스북을 하다가 옛날에는 별로였던 고등학교 친구를 봤는데 지금은 아름다운 사람이 되어 있더라고요. 추억은 객관적인 세계가 아니고 정신세계인 거지요.

골목에는 낭만과 신비주의mysticism, 이국성이 있어요. 한국의 젊은 학생들에게 서촌을 안내하면 이런 동네가 있다는 것조차 모르는 학생도 있고 아니면 '이런 동네는 텔레비전에서만 봤다', 그래서 실제로 보면 '아! 여기도 사람이 사는구나', 심지어 '교수도 사는구나' 그런 말을 하지요. 서촌은 경기

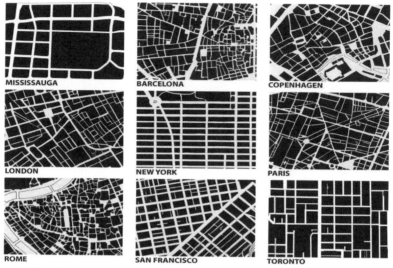

| 세계 대도시의 골목들

도 분당이나 산본의 아파트에 사는 학생들에게 〈건축학개론〉 같은 영화 속
으로 들어가는 것처럼 낭만적인 공간이 될 수 있어요.

제가 좋아하는 도시이론학자 중에 제인 제이콥스(Jane Jacobs, 1916~2006)라
는 사람이 있습니다. 이 사람은 미국 도시역사에서 아주 중요한 사람이에
요. 1950년대 초부터 뉴욕 그리니치 빌리지Greenwich Village에 살던 아줌마인
데 파트타임으로 건축 잡지사에서 편집일을 하면서 행정적인 일도 했죠. 50
년대 말에 뉴욕시가 그리니치 빌리지 근처에 많은 건물을 헐고 고속도로를
만들기로 했을 때 이분이 사는 집이 개발 대상 중 하나였는데 주민들이 고
속도로 건설을 반대했죠. 50년대 말이나 60년대 초 미국은 주부가 시청에
가서 이거 안 된다 주장해도 당시 전문가인 남자들이 주부가 뭘 아냐며 무
시했습니다. 하지만 계속 싸우고 싸워서 결국 주민이 이겼어요. 그래서 고

제인 제이콥스의《미국 대도시의 죽음과 삶》

속도로 계획이 취소되었죠. 시민이 스스로 나서서 젠더 문제와 싸웠으니 미국역사에서 아주 중요한 일이죠. 이때 이분이 "좁은 길은 멋이 있다. 좁은 길은 가치가 있다"는 멋진 말을 했어요. 그리고 "좁은 길은 걷기가 편안하고 좁은 길은 아기자기하고 다양한 모습이 있다"고도 했습니다. 50년대 말 당시 미국은 고속도로를 만들고 완전히 자동차에 빠진 세상이었는데 이분이 거의 최초로 좁은 길의 가치를 얘기한 것입니다.

제인 제이콥스는《미국 대도시의 죽음과 삶The Death and Life of Great American Cities》이라는 책을 썼어요. 1961년, 제가 태어난 해에 나온 책인데 당시에 굉장히 충격적이었어요. 제인 제이콥스는 이 책에서 도시에 다양성이 있어야 도시가 발전할 수 있는 원동력이 있는 것이고 다양성이 있어야 도시가 계속 유지될 수 있다고 말합니다. 또 다양성의 4원칙이라는 것을 말합니다.

| 라스베이거스

첫째, 복합 용도Mixed uses로 한 동네에 주택만 있거나 상업시설만 있는 게 아니라 여러 가지 용도의 시설이 같이 있어야 한다는 것입니다. 그래야 사람들이 왔다 갔다 한다는 거예요. 그래서 저도 미국에서 용도가 아주 뚜렷한 주거 지역이나 상업 지역을 가면 굉장히 불편해요. 동네 커피숍을 가려고 하면 차를 타거나 걷거나 해야 하거든요. 그런데 서촌은 동네의 커피숍을 고를 수 있어요. 두 번째는 짧은 블록Short blocks으로 블록이 너무 길면 걸어다니기에 조금 지루하다 이거죠. 세 번째는 다양한 건물Buildings of various age and states of repair로 오래된 건물이 있어야 하고 새 건물도 있어야 하고 큰 집도 있어야 하고 작은 집도 있어야 한다는 거지요. 작은 집은 젊은 사람들이나 신혼부부가 싸게 살 수도 있고요. 네 번째는 높은 인구밀도Density입니다. 인구밀도가 높으면 지역산업이 잘 돼죠. 인구밀도가 낮으면 지역산업이 발전하지 못해요. 북촌의 문제점 중 하나는 인구밀도가 낮아지고 상업시설로 많이 바뀌었기 때문에 근린 생활시설이 없다는 거예요. 북촌을 보면 세탁소가 필동에 하나 있어요. 인구밀도가 어느 정도 있어야 그곳에 사는 사람을 위한 편의시설이 활기를 띠는 것이지요.

제가 두 번째로 좋아하는 사람은 로버트 벤투리(Robert Venturi, 1925~)라는 건축가입니다. 이 사람은 《라스베이거스의 교훈Learning from Las Vegas》이라는 책을 썼습니다. 라스베이거스는 도박의 도시죠. 그는 처음으로 골목 경관의 가치를 발견하고 이를 책으로 쓴 사람입니다. 미국 북부의 골목을 좋아하는 사람들한테는 경관을 보는 눈이 조금 없었습니다. 그런데 로버트 벤투리는 '경관은 굉장히 재미있다, 경관을 새로운 눈으로 보려고 노력을 해야 한다'고 하죠.

세계의 골목

제가 고등학교를 졸업하고 멕시코 화나화토Guanajuato로 두 달 동안 어학연수를 갔어요. 그곳은 아주 오래된 마을로 인구가 17만 명이고 유네스코 세계문화유산으로 등록됐죠. 이렇게 아름답고 오래된 도시인데 막다른 골목이 굉장히 많아요. '사랑의 골목'이란 곳은 길이 너무 좁아서 두 사람이 옆으로 걸어야 될 정도로 아주 좁은 골목길이지요.

여기는 중국의 리장 고성丽江古城이라는 곳인데 아직 가보지는 못했어요. 유네스코 세계문화유산으로 등록이 됐지만 사람이 살지 않아요. 화나화토는 학생이 있고 대학이 있기 때문에 문제가 없는데 리장은 구도심은 영화 세트장처럼 만들고 개발은 나중에 하는 식이죠.

| 멕시코 화나화토

┃ 중국의 리장 고성

┃ 일본 교토의 니시진

　　교토京都의 니시진西陣은 오래된 지역으로 인구가 한 5만 명 정도 되고 전
통적으로 기모노 옷감을 만들고 있는 곳입니다. 유네스코에 등록된 교토시
의 세계문화유산은 17개 정도가 있는데 니시진은 세계문화유산으로 지정
되어 있지는 않아요. 여길 보존하기 위해 특별히 노력했다기보다는 그냥 두
는 거예요. 역사 테마파크를 짓는 게 아니라 기모노 옷감을 만드는 사람을
지원하는 것이죠. 물론 기모노가 옛날처럼 많이 팔리지는 않겠지만 공간이
아니라 전통적 산업, 사람을 지원하는 것이기 때문에 그 길을 통해서 역사
적 공간의 분위기를 유지합니다. 그래서 미관에 대한 조례가 있는데, 예를

들어 핑크색 기와는 안 된다는 거죠. 얼마 전에 찍은 니시진 사진을 보면 관광객도 그렇게 많지 않아요. 조금 재밌는 게 저같이 생긴 사람이 다니면 어르신들이 지나가면서 인사하고 그래요. 교토의 특징 중 하나가 볼 게 굉장히 많기 때문에 관광객이 많이 있어도 분산이 돼요. 북촌처럼 쭉 줄지어 다니는 게 아니고요.

도쿄東京의 야네센谷根千이라는 지역은 야나카谷中, 네즈根津 그리고 센다기 千駄木라는 세 동네를 말하는 거예요. 서촌하고 비슷해요. 조금씩 오래된 건물이 남아 있고 나이 드신 분들이 많이 사는 동네예요. 그런데 일본은 아시다시피 도쿄 같은 경우는 전쟁 피해도 많이 있었고 지진도 많이 일어나서 오래된 건물은 별로 남아 있지 않아요. 야네센 인구가 2만 명이죠. 서촌의 인구가 1만 5,000명, 북촌의 인구가 6,000명이니 여기는 아주 작은 동네지요.

뉴욕의 그리니치 빌리지는 월스트리트 근처에 있는데 네덜란드 식민지였다가 뉴욕에 편입된 동네예요. 인구가 7만 2,000명 정도로 서촌의 몇 배죠. 한국의 오래된 골목 도시는 인구밀도가 낮은 편이죠. 그리니치 빌리지는 뉴욕시의 역사보전지역Historic District입니다. 지원이나 관리는 뉴욕시에서 하죠. 맨해튼은 아주 깔끔한 바둑판인데 그리니치 빌리지는 이런 작은 골목

| 일본 도쿄의 야네센

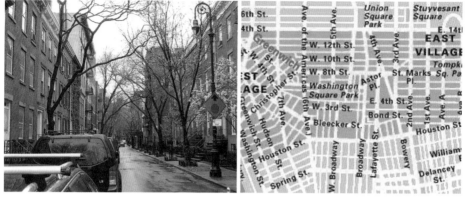

I 미국 뉴욕의 그리니치 빌리지

들이 모여 있고 자동차는 다닐 수 있지만 뉴욕의 다른 길에 비해서 굉장히
좁아요. 지도를 봐도 자갈로 된 길도 있고 벽돌로 된 길도 있고 이처럼 오래
된 길을 사람들이 좋아해서 지금의 그리니치 빌리지는 많은 사람들이 살고
싶어 하는 도시가 된 것이죠.

  이렇듯 골목은 오래된 도시의 보편적 현상입니다. 오래된 도시에는 다
골목이 있는 것이죠. 얼마나 많은지 어떻게 남아 있는지는 상황에 따라 다
르지만 유형을 세 개로 나눠봤어요. 하나는 관광 테마파크 중심의 유형인데
리장 고성, 화나화토가 그러합니다. 그리고 그리니치 빌리지나 도쿄의 야네
센이 문화예술인 중심의 유형입니다. 교토 니시진은 서민 중심의 유형이라
할 수 있습니다. 오래된 골목이 있기 때문에 주변에 서민도 많죠. 서울은 규
모, 인구, 기능을 보면 파리, 뉴욕, 도쿄와 유사하지만 골목이 많은 동네는
주로 서민 중심 동네입니다. 그러니까 서울 같은 경우는 북촌만 생각하는데
오히려 골목이 많은 동네는 주로 서민이 사는 동네죠. 이게 다른 도시들에
비해서 굉장히 대조적인 현상인데 잘 지키면 아주 좋은 환경이 될 수 있는
것이기도 합니다.

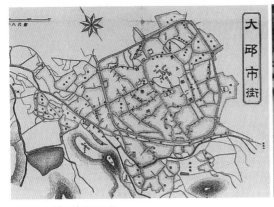

| 대구 지도(1903년)

한국의 골목

조선시대에 중요한 도시였던 서울, 평양, 개성, 대구, 전주, 상주는 주로 내륙도시이고 큰 도시입니다. 그다음으로 개화기부터 급성장한 도시들은 부산, 인천, 원산, 목포, 군산 등으로 항구라는 공통점이 있어요. 조선시대에 성장한 도시는 골목이 많아서 서촌은 조선시대의 골목이 여전히 그대로 남아 있죠. 그런데 급성장한 도시는 일본식의 바둑판 문양이 많습니다. 예를 들어서 대구 같은 경우는 원래 조선시대부터 있던 골목에 바둑판 레이어를 댄 것과 같아요.

1903년 대구시가지를 보면 개발이 시작 단계일 때인데도 조선시대의 골목이 많이 남아 있습니다. 남산동에 가면 골목도 많이 남아 있고 한옥도 많이 남아 있습니다. 대구 중구에 한옥이 혹시 몇 채인 줄 아세요? 1,700채 정도 있다고 하는데 서울의 서촌과 북촌의 한옥을 합한 만큼 있는 거죠. 북촌은 이제 900채 정도, 서촌은 660채 정도 남아 있다고 하니 거의 같은 것이죠. 이처럼 잘 알려지지 않은 지역 골목 중에는 조선시대의 골목이 남아 있는 곳이 많습니다.

최근에 저는 전주의 매력에 빠져 있는데요, 전주 지도를 보면 전주성이 있죠? 이 부분은 전주의 한옥마을입니다. 한옥마을은 조선시대 이후에 일제강점기 때 개방한 겁니다. 그래도 골목은 그대로 남아 있죠. 원래의 조선시대 지형 위에 그냥 길을 만들거나 조금 넓혀서 걸어다닐 수 있게 한 거예요.

서울의 역사와 골목

앞에 말씀드렸듯이 골목은 역사적 공간, 물리적 공간, 정신적 공간입니다. 그러면 서울에 어떤 역사가 있는지 같이 생각해볼까요? 서울에 물리적 공간이 있는지, 그리고 있다면 어떤 느낌으로 있을까요? 여기서 느낌은 감수성의 세계를 말합니다. 서울은 과거에 한양이었고, 경성이었고 지금은 서울인데 문화재 분야의 전문가와 얘기해보면 경성도 없고 서울도 없고 오직 한양만 있다는 거예요. 저는 미국 북부 사람인데 북부는 인종차별을 안 했지만 남부는 흑인에 대한 차별을 했기 때문에 미국 전체의 아픈 역사라 생각합니다.

서울은 물론 조선왕조의 수도인 한양이었지만 그 뒤에는 경성이었고 대한민국이 세워지고 한 세대를 넘어 몇 세대가 된 거죠. 한양이 있고 경성이 있었으니까 대한민국도 서울이라는 역사를 쓴 거예요. 그래서 다양한 이야기를 해야 해요. 옛날 건물을 복원해 가서 보고 사진 찍고 결국에는 장식물처럼 그렇게 되지 않게 해야 합니다. 한양도성에 대한

| 파우저 집

170

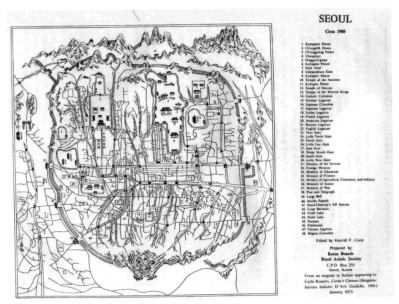

| 1900년의 서울 지도 축도

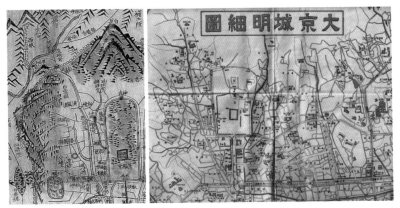

| 〈수선전도〉 부분(경복궁) | 1930년대 지도 〈대경성명세도大京城明細圖〉

얘기만 하는데 영화세트처럼 보기만 하면 좀 재미없지 않을까 생각합니다.

한양의 역사를 보면 서촌 지역, 북촌 지역은 아주 재미있어요. 서촌에는 옛날 골목길이 그대로 있습니다. 여기는 우리집입니다.(웃음) 저는 어떤 면에서 복 받은 사람이라 생각하는데요. 일단 자기 집 위치를 조선시대 지도에서 찾을 수 있다는 게 멋지지 않습니까?(청중 웃음) 3호선 경복궁역 앞에 파리바게트가 있는 골목으로 쭉 들어가면 여기에 우리집이 있고 골목들이 다 살아 있죠. 조선시대 역사도 남아 있고요. 이상의 집이 있는데 여기는 개천이었죠. 서촌뿐만 아니고 다른 지역에서도 조선시대 역사를 찾을 수 있습니다.

그리고 개화기에는 골목이 이렇게 쭉 있고, 일제강점기에 골목이 변하기도 하는데 이런 역사도 지켜져야 합니다. 북촌의 한 필지를 보면 아주 재미

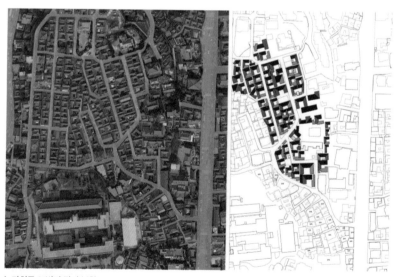

| 가회동 31번지 필지 분할

있어요. 가회동 31번지는 한 집이었죠. 이걸 작은 필지로 잘라서 골목을 만들고 개발해 한옥 단지가 된 것이죠. 사실은 가회동의 전통한옥은 31번지 한 집입니다. 행랑채가 있고 사랑채가 있고 안채가 있고 이렇게 담이 있는 게 전통적인 한옥입니다. 북촌의 문제는 전통적인 한옥을 만들려고 하는데 역사에 맞지 않는다는 겁니다.

물리적 공간으로서의 서울 골목

19세기까지 골목은 도시 흐름의 중심이었습니다. 가치가 굉장히 높았죠. 아마 한양을 생각하면 19세기까지는 골목에 면해 있고 골목에서 쉽게 나올 수 있는 위치의 집이 좋은 집이었어요. 골목은 19세기까지는 굉장히 중요한 도시의 소통, 흐름 역할을 했죠. 문제는 20세기부터 도로가 도시 흐름의 중심이 되자 골목이 파괴되고 나아가 자동차 보급이 확산되면서 골목은 자동차가 다니지 못하니깐 가치가 없어진 거죠. 그건 한국뿐만 아니라 전 세계 보편적인 현상이죠. 도시의 흐름을 통해서 공동체가 생기는데, 옛날에는 골목이 중심이었기 때문에 골목 중심의 공동체가 굉장히 큰 의미가 있어요. 지금은 중심이 도로로 변했기 때문에 골목을 중심으로 한 공동체가 과연 어떤 의미를 갖는지 잘 모르겠어요.

최근에 서울에서 마을공동체사업을 하려고 하는데, 체부동 사는 사람입장에서 제가 좋아하는 사람과 소통하면 되지 왜 모두가 소통해야 되나 이런 속마음도 있어요. 역시 골목의 의미가 바뀐 거죠. 예를 들어 옆집에 애가 있고 우리집에도 애가 있고 그러면 애들끼리 친구가 되어 골목에서 놀 때도 같이 놀아야 하는데 세상이 많이 달라졌죠. 이제 골목에 나와서 노는 애들이 없어졌으니까요. 하지만 지금 골목이 의미를 갖게 되었으니 이걸 생각해서 마을공동체사업을 해야 하겠죠.

정신적 공간으로서의 서울 골목

골목은 20세기 말부터 가치가 떨어져서 미개발의 상징이 됐죠. 90년대 말에 한국에 와서 학회 교수들과 같이 점심을 먹는데 어떤 교수가 '아직 강북에 사세요?'라고 농담을 하더라고요.(청중 웃음) 골목은 어떤 면에서 개발되지 않은 것이고 자동차가 없으며 옛날 사람들의 생활방식을 상징하죠. 주류는 아파트에 살면서 토요일엔 마트에서 쇼핑하면서 시간을 보내는 거예요. 비주류는 시장을 가고, 골목에 사는 거죠. 이건 한국의 독특한 현상만은 아니고 미국도 그래요. 어느 나라든 대부분의 사람은 주류에 속하려고 하죠.

골목에 살던 사람들에게 골목에 대한 기억이 있지만 그 기억이 반드시 추억은 아니잖아요? 골목에 살던 사람들이 다 골목을 좋아하고 옛날이 좋았다 이건 아니에요. 골목을 떠난 사람은 '어우, 됐다' 이거죠.(청중 웃음) 최근에 골목은 낭만적이며 이국적 공간, 즉 옛날에 대한 노스탤지어의 상징이 되었습니다. 서촌에 있는 대오서점이라는 책방은 장사는 안 하는데 영화세

트처럼 남아 있어요. 옛날식 간판에 헌책방, 이런 이미지가 재미있어서 언론에 많이 소개가 되었지요. 한옥을 논의하고 골목을 좋아하는 사람은 낭만주의자로 인식이 되고 있고 서촌은 이 부분이 많이 부각되어 있습니다. 서촌의 풍경은 젊은 세대에게는 TV나 영화에서 볼 수밖에 없는 풍경이 되었으니까요.

서촌

2008년에 서울시가 서촌 재개발을 무산시켰고 한옥 보존을 중심으로 한 지구단위계획작업에 착수했습니다. 이때부터 서촌을 알게 되었는데 그전에는 가끔씩 삼계탕을 먹으러 간 정도입니다.(청중 웃음) 한국에 온 지 얼마 안 되었을 때는 왜 역사적인 이곳을 재개발하는지 이해를 못 했어요. 2010년에 지금 하는 계획이 시행되었고 한옥 수리를 시작했어요. 이 때문에 난개발 삼청동화, 즉 테마파크화를 걱정하는 사람도 많았습니다.

　서촌은 이 동네랑 저 동네 분위기가 조금씩 달라요. 한옥이 많은 체부동, 조금 올라가서 아파트나 연립이 많은 청운동, 통의동, 경복궁 바로 옆 효자동 분위기가 각각 다르니까 서촌은 마이크로 동네가 아닌가 싶어요. 말하자면 서촌은 다양성을 지키고 있는 것이죠. 사실은 북촌도 그렇습니다. 계동하고 가회동 다르고 원서동도 달라요. 계동은 집들이 작고 가회동은 영화세트 같고, 삼청동은 데이트 코스죠.

　체부동을 보면 제인 제이콥스가 얘기하는 다양성이 보여요. 그래서 '이걸 헐고 예쁜 한옥을 짓자, 다 헐고 예쁜 길을 만들자' 하면 굉장히 좋을 것 같지만 (세금이 얼마나 드는지 모르지만) 문제는 옥탑에 사는 사람도 있어요. 옥탑에 사는 사람은 돈이 많지 않을 거예요. 서촌에는 이런 다양한 건물이 있

❙ 서촌

❙ 체부동 한옥 밀집지구

기 때문에 원동력이 있는 것이죠. 이걸 다 헐고 예쁜 한옥마을을 만들면 관
광객들한텐 좋겠지만 지금 살고 있는 사람들한테는 과연 그럴까요?

익선동

익선동은 가장 오래된 분양용, 도시형 한옥 발생지라 할 수 있어요. 도시형
한옥은 ㄱ자, ㄷ자, ㅁ자 형태인데 이러한 한옥은 다 도시형 한옥이죠. 도시
형 한옥의 특징은 주로 1930년대 발생했다는 점입니다. 가회동 31번지를
개발한 정세권 씨가 1930년대에 개발했어요. 2000년대 초부터 이 지역도
재개발 지정이 계속 논란이 되고 있습니다. 서울시 재개발에 익선동은 인접
지역의 지구단위계획에 포함되어 있지 않아요. 종묘 근처에 지구단위계획
이 있고 서쪽에 인사동 지구단위계획이 있는데 지구단위계획에서 빠진 부
분은 유일하게 익선동밖에 없어요.

　익선동 한옥 골목은 큰 땅이었는데 정세권 씨가 골목을 만들고 작은 필
지로 나누었어요. 1930년 동아일보에 실린 광고를 보면 건양사가 24동을
분양한다는 내용이 나와요. 한꺼번에 많은 집을 만들고 팔았죠. 도시형 한
옥이 재동, 계동에도 있는데 익선동이 제일
많았죠. 재미있는 것은 라인마다 조금씩 크
기가 다르고 마당이 없는 한옥들도 많아요.
이런 일자형의 한옥은 주로 전주나 전라남
도 등 남도지방에 가면 많은데 이걸 실험한
거죠. 익선동 골목이 오래된 골목이기는 한
데 조선시대 골목은 아니죠. 일제강점기 골
목이기 때문에 문화재로서 가치가 없다, 버

| 건양사 광고

I 익선동

리자, 재개발하자, 럭키타운 짓자 그러는 거죠. 저같이 한국에서 태어나지 않은 사람한테는 '어, 오래된 골목이구나.' 그렇게 생각하죠.

서촌처럼 조선시대 한양에 뿌리가 있는 것도 있는 반면에 이런 일제시대의 집들도 있죠. 정세권이라는 분이 도시형 한옥을 개발한 이유는 조선 사람은 조선식 집에 살아야 한다는 것이었습니다. 큰 필지를 사서 작은 필지로 잘라서 집장사로 돈을 많이 벌었겠지만 이걸 그냥 집장사로 보면 안 되고 1930년대의 어려운 상황에서 한국적인 걸 지키려고 했던 활동으로 봐야 합니다.

창신동

창신동은 오래된 서민 동네인데 20세기의 모든 주택의 형태가 모여 있습니다. 아파트도 있고 연립도 있고 양옥도 있고 한옥도 있고 큰 집도 있고 작은 집도 있고 일본식 집도 있고 굉장히 다양한 형태의 집들이 있습니다. 창신동은 주민 스스로 뉴타운을 포기한 서울의 첫 사례입니다. 서촌과 아주 다르죠. 서촌은 서울시가 보존하자고 억지로 한 거죠. 서촌도 그렇고 북촌도 그런 거죠. 창신동은 재개발을 주민들 스스로 포기했기 때문에 의미가 달라요. 앞으로 창신동이 어떻게 될지 아직 잘 모르겠어요. 창신동 주민들이 스스로 재개발을 포기한 상태에서 앞으로 낙후된 동네를 어떻게 서울시와 소통하여 극복할 것인지 굉장히 궁금합니다.

교남동

인왕산 동쪽엔 서촌이 있고 서쪽에는 교남동, 운정동 등 많은 동이 있는데 교남동은 유난히 골목이 많은 오래된 서촌 옆 동네죠. 현재 교남 뉴타운 건

I 창신동 골목

I 교남동 골목

| 서울의 골목길

설을 위해서 철거공사가 시작됐고 진행 중입니다. 어제 김포공항에서 택시를 타고 쭉 오다가 사직터널 근처를 지났는데 불이 하나도 없고 아주 캄캄해요. 그 넓은 지역이 재개발 공사 때문에 아주 어둡더라고요. 골목이 많았던 교남동이 역사 속으로 사라진 거죠. 이런 동네가 없어지면 그만큼 골목도 없어지는 거고, 이게 한옥뿐만 아니라 모두 다 없어지는 것입니다.

서울 골목의 이론 접근

제인 제이콥스와 로버트 벤투리의 공통점은 계획되지 않은 융기적으로 형성된 도시의 가능성, 그러니까 계획되지 않은 어떤 랜덤한 것에 대한 가능성을 제시합니다.

여러분은 서울을 어떻게 보시는지요? 파리만큼 예쁘지 않죠? 오스트리아 비엔나, '우아!' 하게 되는 도시죠. 그만큼 예쁘지는 않지만 랜덤성이 있기 때문에 또 다른 뭔가 있는 게 아닌가 하는 생각을 하게 돼요. 그래서 골목은 랜덤성이 높아서 예측하지 못한 발견에 대한 기대가 있죠. 파리나 비엔나에 가면 모든 게 예뻐요. 그런데 조금 있으면 지루하잖아요. 서울의 랜덤성을 조금 새롭게 봐야 하는 것 아닌가 생각해요. 로버트 벤투리가 얘기했던 것처럼 서울 골목의 매력은 랜덤성에서 나온다는 거지요.

이현군

옛 지도를 들고 서울을 걷다

《서울, 성 밖을 나서다》의 저자인 역사지리학자 이현군 박사는
서울이라는 도시가 얼마나 오래되었는지 산과 성곽이 보여준다
고 말한다. 성 밖에는 시간의 지층처럼 제일 아래쪽에 단독주택,
그 다음은 연립다가구주택, 가장 위쪽에는 아파트, 이런 식으로
장소를 통해서 시간의 변화를 볼 수 있다. 서울이 옛 한성부터 일
제강점기를 거쳐서 현재까지 공간적으로 어떻게 변화해왔는지
그의 책을 들고 서울을 걸어보는 건 어떨까?

제7강
옛 지도를 들고 서울을 걷다

장소란 이야기가 녹아 있는 지층

제 전공이 역사지리학인데 많은 분들이 역사지리가 무엇이냐고 물어보십니다. 지리학에서 역사지리는 장소를 통해서 시간의 변화를 발견하는 것입니다. 서울의 역사지리를 설명하기 위해서 사진을 보여드리겠습니다. 낙산 공원에서 한성대입구 쪽으로 조금만 더 가면 장수마을이라는 곳이 있는데 제일 눈에 띄는 것은 성곽입니다. 성곽의 돌들이 크기도 색깔도 다릅니다. 여러 시대에 걸쳐 쌓아졌다는 것인데 조선 초기 돌, 후기 돌, 20세기 돌, 21세기 돌이 섞여 있습니다. 서울이 수도라는 것을 상징적으로 보여주는 것입니다.

　뒤에 산이 보입니다. 우리나라 전통도시들은 산을 기준으로 도성을 만들었고 도성이 여러 시대에 걸쳐 있습니다. 서울이라는 도시가 얼마나 오래

| 낙산 성곽과 마을

되었는지를 산과 성곽이 보여주고 있죠. 성 밖에는 시간의 지층처럼 제일 아래쪽에 아주 오래된 단독주택, 연립다가구주택, 아파트 이런 식으로 장소를 통해서 시간의 변화를 볼 수 있게 되어 있습니다. 장소는 이야기가 녹아 있는 시간의 지층과 같습니다.

우리나라 도시의 기준은 산입니다. 태조 이성계가 도성을 쌓았고 도성은 산을 연결해서 만들어집니다. 건축하시는 분들은 한양도성에 대해 조선시대 돌들이 쌓여 있는 곳이라고 하는데 제가 설명하는 한양도성은 4개의 산과 4개의 문으로 구성된 곳입니다. 성곽이 많이 남아 있는 지점은 산이고 상대적으로 빨리 파괴되는 지점은 낮은 지대입니다. 이것이 지역으로 본 한양의 모습입니다.

옛 지도를 보는 방법은 편합니다. 옛 지도를 그릴 때 그리고 싶은 대로 마음대로 그렸기 때문에 보는 우리도 맘대로 보면 됩니다.(청중 웃음) 그러니까 그리는 사람이 중요하다고 생각하는 걸 크게 그리니까 보는 우리도 그렇게 보면 되는 거죠. 잘 보시면 한강, 여의도, 그다음 눈에 띄는 곳은 성곽이죠. 그다음은 청계천, 중랑천, 여기까지는 대부분 다 압니다. 옛 지도라서 마음대로 그렸는데 월드컵공원과 난지도 사이를 흐르는 하천, 홍제천, 불광천이 있습니다. 조선시대에는 사천沙川이라고 불렀는데 쉽게 풀어 모래 사沙 내 천川, 모래내입니다. 그다음에 창천이 있습니다. 또 다른 하천은 만조천입니다. 한강대교에서 서울역 방향으로 가다 보면 큰 도로가 있고 서울역 뒤쪽에 남영역, 뒤쪽에 이면도로가 있죠. 그곳이 만조천입니다.

옛 지도 속 서울

한양 지도에는 강남이 없습니다. 강남이 없다는 것은 강남은 한양이 아니었다는 이야기죠. 옛날 사람들은 행정구역을 지금처럼 번지수를 매기는 것이 아니라 '저기 보이는 저 산, 저 강까지 하자' 이런 식으로 정했습니다. 남산 위에 올라가서 보면 한강이 보입니다. 남쪽은 한강까지, 동쪽으로 가면 중랑천이, 서쪽으로는 모래내가 있죠. 이게 대략적인 한성부의 경계입니다.

한양이 성을 쌓으면 한성이 되죠. 한성이 포함되는 행정구역이 한성부입니다. 한성부라는 것은 도성 더하기 도성 밖 지역인데 산까지 포함하니 한강과 중랑천, 모래내, 북한산까지가 한성부가 됩니다. 이 지역을 성저십리城底十里라고 합니다. 한강을 따라 지나가는 도로가 남쪽에는 올림픽대로, 북쪽에는 강변북로, 중랑천을 따라서 동부간선도로가 지나가다 꺾여서 내부순환도로로 가죠. 내부순환로는 월드컵공원 쪽으로 가고, 동부간선도로, 내부

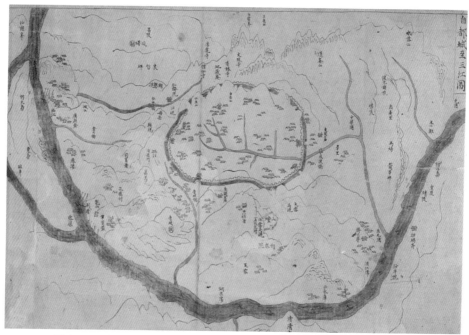

| 서울의 구분: 도성 안, 도성 밖, 한강, 한강 이남

순환로의 범위가 대략적인 한성부 지역의 범위라고 생각하시면 됩니다.

　저는 서울을 나눌 때 4구역으로 나눕니다. 한성부였던 지역 중 핵심지역은 도성 안 지역이죠. 한성부에 포함되는 도성 바깥 지역이 있습니다. 그리고 또 하나는 한강유역이죠. 여기까지는 한성부와 관련이 있는 지역입니다. 보통 강의시간에 서울 지도를 그려보라고 하면 한강 위쪽에 남산을 그려넣습니다. 남산은 서울의 남산이 아니라 한양도성의 남산입니다. 서울의 남산은 관악산이 되는 거죠. 남대문은 서울의 남대문이 아니라 한양도성의 남대문이죠. 서울의 남대문은 어디입니까? 서울 톨게이트가 서울의 남대문이죠. 서울을 4구역으로 나누면 도성 안, 도성 밖, 한강유역, 강남을 비롯하여 원래는 경기도였다가 서울시가 된 지역들입니다. 서울은 성 밖에 새로 만들어진 도시입니다. 서울의 남산은 관악산이고 한양의 남산은 목멱산(남산)이죠. 그래서 서울과 한양은 다르다는 것이고요.

서울의 지리적 변화

서울의 변화를 설명할 때 많이 이야기하는 것이 있습니다. 70년대 압구정동. 배밭이었고, 소가 쟁기로 밭을 갈고 있었으며 그 뒤로 아파트가 있었다는 이야기입니다. 그곳이 70년대 논현동, 삼성동으로, 배밭이었다는 사실입니다.

　1995년 석사과정 동안 한양도성 답사를 시작했죠. 계속 같은 걸 보게 되면 통찰력, 관찰력, 예지력과 함께 도시의 어느 지역이 어떻게 바뀌겠다는 감이 생깁니다. 결혼해서 저의 신혼집을 어디에 장만할까 고민하다가 도성 지역을 먼저 봤습니다. 어느 지역에 아파트 단지가 들어설지, 그다음 나루터와 정자를 보면서 어디가 전망이 좋을지를 본 것입니다. 박사과정을 마치고 졸업해서 그 이야기를 제 아내에게 했더니 그 지역이 이미 개발되어서 아파트가 다 들어섰다고 합니다. 역시 통찰력보다는 현금이 중요하다는 생각을 했습니다.(청중 웃음)

　서울의 변화를 보려면 시간의 지층처럼 한양과 서울을 비교해야 한다고 생각합니다. 처음 지도를 보면 한양은 강북 지역입니다. 1936년 지도에서 강남 지역 중 가장 먼저 서울, 경성부에 포함된 지역을 찾아볼 수 있습니다. 최초로 경성부, 서울에 포함된 강남 지역이 여의도와 영등포 지역입니다. 당시 강남의 중심은 강남3구가 아니라 영등포였습니다. 일제강점기 경성부에서 주목해야 할 지역은 영등포와 여의도입니다. 이곳은 1936년도에 경성부가 되었고 그다음은 중랑천 동쪽 지역입니다. 지금의 광진구, 중랑구는 해방 이전까지는 한성부가 아니었다는 것입니다. 그리고 1963년 관악산이 서울의 남산이 되었습니다.

서울을 통칭해서 보면 이렇습니다. 한성부는 강북, 일제강점기 경성부는 영등포까지, 1946년도는 아차산까지, 1963년 이후는 관악산까지로 시간에 따라서 서울이 바뀌는 것입니다. 서울에서 한양을 발견하는 것이고 그 한양이 점점 넓어져서 서울이 된 거죠. 1970년대 지도를 보면 한강 남쪽 지역은 영등포 지역만 시가지로 빨간색으로 표시되었죠. 그다음 나머지 지역은 여의도, 강남 지역으로 다 하얗습니다. 경부고속도로만 뚫려 있는 상황입니다. 원래는 강북이 중심이었다가 점점 강남으로 확대가 되는데 이 지역을 두고 70년대 영동지구개발이라는 말이 나오지 않습니까? 그 이유가 강남의 중심이 영등포니까 영동지구라는 말을 쓴 거죠. 그리고 서초구가 제1지구, 강남구가 제2지구가 되는 겁니다.

옛 전국 지도를 보면 한양도성을 크게 그렸습니다. 실제 서울은 서해안보다 동해안이 훨씬 더 멀어요. 서울이 서해안과 가깝지만 서해와 동해의 딱 한가운데에 서울을 그렸습니다. 서울을 한가운데에 그렸다는 것은 서울이 나라의 중심임을 보여주는 상징적인 그림이라는 것이죠. 상징적인 장소를 정할 때 한국은 중국과 달리 산을 기준으로 했다는 점을 주목할 필요가 있습니다. 한국은 보통 산과 강을 중심으로 도시를 만들었습니다. 학교 교가의 가사를 보면 뭐가 나옵니까. 산과 강이 꼭 나오죠. 그 지역의 사람들은 강과 산을 갖고 만들어진 동네라는 인식이 있습니다.

저 같은 경우 지방 답사를 가면 오래된 초등학교 교가를 살펴보는데 대부분 산과 강이 마을의 중심임을 알 수 있게 해줍니다. 제 모교의 교가에는 '황매산 천고의 신비 아래 천명산 아래'라고 되어 있습니다. 실제로 그리 신

I 〈한양도성도〉

비롭진 않습니다.(청중 웃음) 그냥 잡풀들만 있고 가끔 멧돼지가 나올 뿐이죠. 유유히 흐르는 강이라는데 여름에만 좀 흐르지 겨울에는 아예 흐르지도 않지만 그곳 사람들에게는 산과 강이 중요하죠. 그런 동네에 가면 산과 강의 이름을 딴 정육점, 식당, 가게들, 조기축구회들이 쫙 있는 거고요. 산과 강이 마을 사람들에게 중요한 의미를 지니는 것입니다.

넓게 본 한성부는 북한산에서 한강까지지만 좁게 본 한양은 북악산이 주산이 되는 것입니다. 북악산을 기준으로 여기에 광화문이 중심부가 되고요. 북악산과 북한산을 헷갈려하는 분들이 계시는데 북악산의 맞은편이 남산, 목멱산이고 뒤에는 북한산이 되는 거죠. 한강을 기준으로 해서 아래에 성이 있는데 그게 남한산성입니다. 북한산성, 남한산성이 대칭이 되는 것입니다.

옛 지도로 보는 도성의 모습은 이렇습니다. 마음의 눈으로 보시고 이게 명당으로 보여야 합니다. 옛 지도는 있는 그대로 그린 게 아니라 명당으로 보이게 그렸습니다. 일단 축적 무시했고요, 지역도 무시했습니다. 명당으로 보이게끔 그린 가운데가 도성 안입니다. 도성 밖은 압축해서 그렸고요. 내산을 연결해서 도성을 둘러싸게 그렸고요. 어렴풋이 마음의 눈으로 보면 북한산과 북악산으로 연결되는 맥으로 보입니까? 맥으로 보이게끔 그렸으니까 맥으로 보여야 합니다.(청중 웃음)

의례도시, 한양

서울은 자본주의의 도시입니다. 반면 한양은 의례, 관념 등이 중시되는 도시입니다. 사실 자연도 통치의 일환으로 끌어오기도 하죠. 북한산으로부터 해서 삼각산으로 연결되는 북악산 라인이 나라의 근본이 되는 거죠. 그래서 나라에 변고가 있다고 하면 나라의 근본이 든든하지 못하다고 해서 여기에 흙을 가져다 붓습니다. 이를 보토^{補土}라고 하는데 보약을 먹이듯 흙을 붓는 다는 것은 맥을 튼튼하게 한다는 의미가 있는 것이었죠. 그다음에 물이 빠져나가게 되면 기가 빠져나간다고 생각했어요. 나라의 근본이 되는 뒤쪽 지역은 맥을 든든하게 잡아주고 기가 빠져나가는 지역은 기가 빠져나가지 않게 청계천 인근에 가산^{假山}이라는 걸 세워요. 가산이 야트막한 산이 되니까 거기에 꽃도 피고 그래서 방산^{芳山}이 생겨납니다. 이곳이 지금의 방산시장입니다. 그러니까 나라의 근본을 튼튼하게 한다는 거죠.

북한산에서 내려다보면 북악산만 보여요. 거기에 궁궐을 잡을 수밖에 없고 궁궐이 남쪽을 향하다 보니 낙산이 좌청룡이 되고 인왕산이 우백호가 되고요. 딱 보면 성곽이 갈 데가 여기밖에 없어요. 그래서 성곽을 쌓기는 했는데 그렇다면 성곽의 경로를 어떻게 하느냐 고민을 했겠죠. 《택리지》에 나오는 내용이 북악산 아래에 궁궐터를 잡기는 했는데 성곽은 어디에 할까 고민을 했다는 겁니다. 그런데 어느 겨울날 보니 눈이 왔다는 거죠. 눈이 녹은 쪽과 녹지 않은 쪽을 보고 하늘의 계시라고 생각합니다. 물론 하늘의 계시가 아니더라도 그렇게 녹습니다.(청중 웃음)

조선시대 사람들은 어떤 사람이 왕십리 미나리 장수일까 마포 새우젓 장수일까를 구분하는 기준이 피부가 탄 자국이었다고 합니다. 여기 도성이 있으면 왕십리는 동쪽이죠. 왕십리 미나리 장수가 도성에 갑니다. 그럼 해는 동쪽에 떠서 남쪽을 지나서 서쪽으로 갑니다. 미나리 장수가 출근할 때는 해가 어디 있습니까? 해가 등 위에 있죠. 이마가 탑니까, 뒷덜미가 탑니까? 뒷덜미가 탑니다. 그렇게 시장에 있다가 퇴근합니다. 그럼 이마가 탑니까, 뒷덜미가 탑니까? 뒷덜미가 타죠. 뒷목이 타면 왕십리 사람입니다. 반면 마포 새우젓 장수는 이마가 타죠. 일을 보고 퇴근을 합니다. 그럼 어디가 탑니

까? 이마가 탑니다. 일사량의 차이에 따라서 그렇게 되지 않습니까? 하늘의
계시가 아니라 산줄기를 따라 도성을 쌓은 거죠.

한양도성의 모습

한양도성은 동그랗지도 네모나지도 않습니다. 지형을 연결했기 때문에 직
선이 아니라 곡선으로 연결이 되어 있고요. 아까 말씀드린 대로 상대적으로
낮은 지역들은 성문이 들어섭니다. 한양도성은 4개의 대문과 4개의 소문, 4
개의 산으로 구성되어 있습니다. 한양도성을 돌다 보면 산, 성문, 산, 성문,
산, 성문이 반복됩니다. 성문이 나타나면서부터는 오르막이 시작되고 산 정
상에 가면 내리막이 시작됩니다. 다시 성문이 보이면 오르막이 시작됩니다.
오르락내리락하는 산-성문이 반복되는 겁니다.

　4대문을 이야기할 때 인의예지신仁義禮智信 이야기가 많이 나옵니다. 인의
예지신 순서로 흥인지문(동대문), 돈의문(서대문), 숭례문(남대문), 숙정문(북대
문)입니다. 숙정문이 지智, 북대문이 되고요, 신信은 보신각을 말합니다. 동대
문, 서대문, 남대문은 열어두면 다닐 만해요. 숙정문은 산 위에 있습니다. 민
간에서는 이렇게 이야기하죠. 이 문을 열어두면 여자들이 바람이 난다. 왜
냐하면 한양이라는 게 한강 남쪽의 방향, 양의 방향입니다. 북쪽은 음의 방
향이고요. 북쪽의 문을 열어두면 음기가 들어와서 여자가 바람이 난다고 그
랬다는데 사실 이 문은 열어두어도 다닐 수는 없습니다. 산으로 다니지 않
으니까요. 숙정문은 형식적으로 만든 문입니다. 동대문, 서대문, 남대문 역
시 형식적으로 만든 겁니다. 한양이라는 도시가 의례와 관련이 있다는 것은
그런 부분이죠. 현대 자본주의 도시 서울과 달리 이런 문들을 상징적으로
만들어놓은 겁니다.

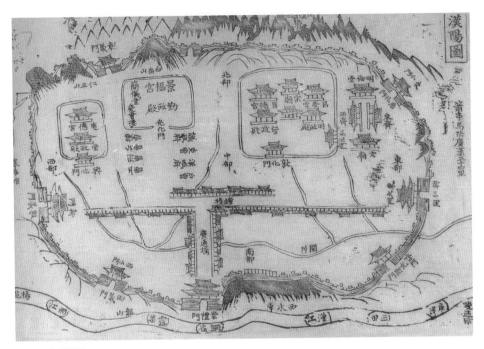

| 한양도

　음양陰陽을 이야기할 때 해가 잘 들면 양陽, 안 들면 음陰 이러잖아요. 그래서 음의 방향의 숙정문을 열 때가 있습니다. 평소에는 주로 닫아두는데 언제 열겠습니까? 양의 기운이 엄청 세질 때, 그리고 음의 기운이 필요해질 때이겠죠? 그때가 언제입니까? 봄, 여름, 가을, 겨울 중 여름인데 특히 비가 안 오는 가뭄일 때는 남대문을 닫습니다. 남대문을 닫고서 양의 기운을 차단하고 음의 방향인 이 문을 엽니다. 그다음에 기우제를 지냅니다. 기우제를 지내면 비가 오죠. 비가 올 때까지 기우제를 지내기 때문에 비가 안 올래야 안 올 수가 없죠.

　그래서 상징적으로 음의 방향의 문을 열고 양의 방향의 문을 닫고 기우제를 지내는데 이때 원칙이 있습니다. 여러분, 만화영화를 보면 비를 부르는 동물이 뭡니까? 구름을 타고 움직이는 용입니다. 용이 비를 뿌려주잖아요. 용은 물에 사는 짐승입니다. 기우제를 지낼 때 용한테 비를 달라고 하면서 맨입으로 그러겠습니까?(청중 웃음) 뭐라도 줘야죠. 용의 라이벌이 뭡니까? 호랑이입니다. 용호상박龍虎相博. 호랑이는 바람을 부르거든요. 용이 한강에 사니까 호랑이를 줘야 하는데 호랑이야 북악산에도 있고 인왕산에도 있어서 그냥 잡으면 되잖아요. 호랑이를 잡아서 배달하기가 너무 힘들어서 호랑이의 머리만 잘라서 한강의 용에게 줍니다. 용이 바로 비를 내려줘야 하는데 그렇게 하진 않고 대타를 구합니다. 용 대신 뱀? 뱀은 품종이 다릅니다. 미니어처인 도롱뇽을 잡아다 경회루 앞 단지에 집어넣습니다. 그리고 도롱뇽이 울 때까지 괴롭힙니다. 용의 눈물이 비가 온다고 생각했기 때문이죠. 이는 조선왕조실록에 나오는 이야기입니다. 이처럼 자본주의 도시 서울과 달리 한양은 관념과 의례가 지배하는 도시였습니다.

한양의 중심

우리나라의 중심부가 서울이고 서울의 중심부가 지금은 강남 3구와 종로 일대가 됩니다. 한양에서 중심은 동대문, 서대문, 남대문, 북문입니다. 한양 도성을 나누는 기준이 뭐가 됩니까? 종로와 청계천을 중심으로 북쪽은 북촌, 남쪽은 남촌이 되는 거죠. 동네마다 다 똑같아요. 일요일 아침드라마 〈산 너머 남촌〉이 있는데 그건 잘못된 겁니다. 산 너머에 있는 건 다른 동네고요. 엄밀하게 따지면 강 건너에 있는 게 남촌입니다. 우리나라는 기본적으로 분지형 지형이잖아요. 우리나라에 남산이 몇 개나 있나 세어봤습니다. 정확히 399개입니다. 남산이 없는 동네가 있는데 대신 앞산이 있습니다. 그러니 우리나라 도시는 대부분 분지형이라는 겁니다.

김두한의 활동구역이 종로잖아요. 육의전도 있고 양반들이 사는 북촌도 있죠. 그럼 하야시의 활동구역은 어디입니까? 남촌이죠. 북촌에는 사대부와 왕의 친인척들이 살아요. 조선의 심장부는 자연스럽게 북촌이 됩니다. 일제강점기가 되면 북촌이 아닌 남쪽에 구역을 잡습니다. 조선시대 중심부는 청계천, 북촌, 종로 일대고 일제강점기의 중심지는 청계천을 넘어 남촌이 됩니다. 해방 이후 강남개발이 되면서 한강을 넘어서는 거죠. 도심의 중심지가 북촌에서 남촌으로, 남촌에서 한강 남쪽으로 이렇게 바뀐 겁니다.

가회동에 한옥이 많이 남아 있는 이유는 보존을 하려고 보존을 한 게 아니라 개발에서 소외되어서입니다. 그 시대 집들은 조선시대 집들이 아니라 일제강점기 집장사들이 지은 집입니다. 옛날에 김두한과 하야시의 중심무대가 청계천을 기준으로 나뉘게 되는데 청계천에서 하야시 부하들이 종로를 침범하면 김두한 부하들이 추격하다가도 수표교를 넘어서는 추격하지 않았다고 해요. 중심무대가 달라지는 지점이니까요. 그러니 〈장군의 아들〉류의 드라마나 영화를 보면 주먹이 전설이 되는 순간이 있잖아요. 그 마지막 장면이 장충단공원이에요. 장충단공원이 하야시의 구역이었다는 거죠. 중요한 건 시대마다 도시의 중심부가 바뀐다는 겁니다.

한양에서 서울로

〈대동여지도〉에 나오는 지도가 경조오부도京兆五部圖입니다. 경조오부도는 서울의 지도를 의미합니다. 한성부의 행정구역이 동부, 서부, 남부, 북부, 중부, 5부로 나뉘잖아요. 지도를 보시면 모든 길들은 어디를 지납니까? 성문을 지나게 되어 있습니다. 4대문과 4소문을 지나서 한강에 이르게 되어 있죠. 남쪽으로 가서 한강의 나루터로 연결해야겠죠. 그다음에 북쪽으로 가는 길에는 중요한 산줄기 아현, 만리재 이런 고개들이 등장하게 됩니다.

　그러니 청계천은 하천이 아닌 다리고 길이며 고개는 산이 아니라 길이고 교통로인 셈이죠. 중간중간 산줄기가 있으니 곳곳에 고개가 등장하고 남쪽으로 가는 길은 무조건 한강의 나루터를 건너게 되어 있죠. 서대문을 나가면 독립문, 무악재, 영은문, 홍제원, 녹번원을 거쳐 의주로 가게 되어 있습니다. 이게 3호선 라인이잖아요. 무악재, 독립문, 그 길이 의주로 가는 길이 되고, 중간에 있는 이런 곳이 고개가 되었죠. 서대문의 서남쪽으로 가면 나오는 게 아현, 만리재 이런 고개들이 여기에 등장하는 거고요. 남쪽으로 가면 양화진, 마포, 용산, 서강 이렇게 길이 나오고 동쪽으로 가면 선농단, 제기역 이런 고개들이 등장합니다. 남쪽에서 유명한 고개가 남산 쪽에서 한강으로 가는 곳에 있는 버티고개입니다.

　한강유역에서 보면 나루터들이 있고 사공들이 있습니다. 우리나라 지도를 보면 한강이 우리나라 중심부를 흐르잖아요. 한양이 도성으로 선정된 이유 중 하나는 한반도의 중심이기도 하지만 물길이 통한다는 겁니다. 물길이 통하면 서해와도 통하고 북한강, 남한강, 서해 이렇게 연결이 되잖아요. 서해로 들어올 때 물류창고 역할을 하는 공간으로 마포, 용산, 서강이 있습니다. 창고 중에 유명한 곳으로 광흥창이 있는데 들어보셨습니까? 광흥창이 여기 서해 쪽 물류창고 역할을 하는 곳이었습니다. 그 앞에 흐르는 하천은 창천이고요. 그 앞에 있는 초등학교는 창 앞에 있는 학교니 창전초등학교가 되는 것이고요. 광흥창, 만리창, 군자감 이런 곳은 서해로부터 물류가 들어오는 물류의 중심지였다는 것이죠.

　북한강, 남한강 동쪽에서 들어오는 물자들은 뚝섬이나 동호대교 쪽에서 내립니다. 한강의 나루터인데 나루터는 강이라기보다는 교통로입니다.

양화, 서강, 용산, 노량, 동작, 서빙고, 한강, 삼전, 광진 이렇게 되어 있습니다. 양화는 양화나루터, 그 근방에 있는 다리는 양화대교, 지금은 당산철교가 옆에 있어요. 노량, 동작 사이에 한강대교가 있고 끝에는 양화나루가 있고요. 동쪽에 한강이 있습니다. 옛날 사람들은 한강을 경강京江이라고 불렀습니다. 그리고 한강을 나루터 중심으로 끊어서 불렀습니다. 지금이야 한강 다리에 이름이 붙었지만 예전에는 제1한강교, 제2한강교, 제3한강교라고 불렀습니다. 제1한강교가 어디입니까? 한강대교죠. 제2한강교는 양화대교입니다. 제3한강교는 한남대교입니다. 옛날 나루터가 있는 근방에 지금의 다리가 생긴 것입니다. 노량진, 동작나루는 정조가 수원화성을 갈 때 건넌 다리로 제1한강교거든요. 양화대교 근방에 양화나루가 제2한강교가 된 게 서쪽 지역 김포, 강화로 가는 중요한 나루터이기 때문입니다. 제3한강교는 한남대교인데 여기가 한강이라고 되어 있습니다. 지금 전철역 중 한강진이 있죠. 거기가 한강입니다. 경부고속도로랑 연결되는 길이죠.

한강 북쪽 서울

그다음 중요한 곳은 광진廣津입니다. 처음에 왜 광나루, 광진일까 궁금했는데 알고 보니 이 나루를 건너면 경기도 광주가 되니까 광나루로 불렀다고 합니다. 지금 생각하면 그 다리를 놓아봤자 강남이라 생각했는데 경기도 광주가 옛날에는 강남, 송파구 지역을 포함했다는 거죠. 광진교는 조선시대에 유명한 나루터였고 지금은 광진교가 개보수가 되었지만 1920년대부터 있었던 다리입니다. 어떻게 보면 노량진, 동작, 양화나루, 한강진, 한남대교, 광나루 이쪽이 중요한 길이라는 것을 알 수 있습니다.

한성부 성 밖을 나서면 삼각산이고 경기도 양주가 나옵니다. 지금 양주를 생각하시면 경기도 양주를 생각하시는데요, 그렇게 생각하시면 안 돼요. 중랑천 동쪽이 양주입니다. 양주가 남쪽에 있으면 남양주, 동두천, 구리, 의정부, 중랑구가 양주 땅으로 보아야 해요. 고양은 어디냐. 조선시대 기준으로 도성의 동북쪽은 양주고요, 서쪽은 고양입니다. 흔히들 일산을 생각하시는데 고양입니다.

강남 쪽 관점에서 4곳을 기억하셔야 합니다. 문수산성이 있고 김포가 있고 지나면 서울이 되는데요, 제일 처음 있는 동네가 양천입니다. 그 옆 동네가 시흥입니다. 양천 있고 시흥 있고 과천 있고 광주가 있습니다. 1963년 한성부, 양주, 고양, 강남은 양천, 시흥, 과천, 광주가 서울시 땅이 됩니다. 관악산이니 남태령이니 하는 곳은 경기도였던 거죠. 1963년에 이런 지역들이 대대적으로 서울시에 편입이 되었습니다. 쭉 보시면 남한강과 북한강, 두 물이 만나는 곳이 있습니다. 이 두 개가 만나는 곳을 이수두二水頭라고 이름을 지었습니다. 이수두는 두물머리입니다. 한강을 통해 들어오면 송파나루가 있고 광주, 남한산성, 삼전도가 있습니다. 여기가 광주 땅이고요, 유명한 역으로 양재역, 말죽거리가 있었죠.

우리나라 도시 발전의 과정은 점과 점, 마을과 마을을 연결해 길이 되고 그 곳이 면이 되는 식인데 양재역이 점이었다는 겁니다. 부동산 개발은 거기서 점점 더 커지는 식인데 영동지구를 개발할 때만 해도 강남에 마을이 얼마 없었다는 겁니다. 말죽거리는 말을 갈아타는 곳이 있었기 때문에 마을이 형성되었습니다.

1872년 지도를 보면 동대문을 나와서 따라가면 양주가 나오는데 양주의 유명한 인물이 임꺽정입니다. 지금 생각하면 남양주를 떠올리니 서울과 멀다고 생각했는데 중랑구나 광진구까지 양주라고 생각하면 한성부 바로 옆에 양주가 있는 겁니다. 임꺽정이 뭘 만든 다음에 누원에 팔러 갑니다. 누원은 지금의 도봉구에서 양주, 의정부 쪽으로 갈 때 '안녕히 가십시오' 하는 표지판이 있는 지점의 다락원입니다. 누원점은 장사하는 곳입니다. 양주가 얼마나 넓냐면 동북쪽으로는 노원역이 있고 남북으로는 청파역이 있죠. 노원역이 있으니 그 근방이 노원구가 되었고요. 전철역 이름도 말들이 뛰어노는 들판이라고 해서 마들역이라고 합니다. 여기 보시면 나오는 지명들은 뚝섬, 잠실, 배봉, 망우리, 구리, 동두천 이런 지역들이 양주였다는 겁니다. 1940년대 이후 중랑구나 광진구에 편입되기 시작한 겁니다. 어떻게 보면 지역이 많이 바뀐 것이죠.

고양 쪽에는 유명한 행주산성이 있습니다. 한성부는 중랑천까지이고 서울시는 아차산까지로 보시면 됩니다. 그 너머에 덕양산이 있는데 지금은 고양의 덕양구가 덕양산에서 이름을 따왔습니다. 고양이라는 지명이 고봉현 더하기 덕양현이 합쳐진 것이고요. 1872년 지도에 덕양산이 나옵니다. 이지도에 행주리라는 지명이 있습니다. 어르신들이 행주라는 지명이 행주치마에서 나왔다고 말하는데 사실은 고려시대 지명이 행주였습니다. 행주라는 지명이 옛날부터 있었다는 것이죠.

지금 강변북로랑 자유로를 연결하면 이렇게 되잖아요. 원래 고양의 중심부는 여기가 아닙니다. 벽제화장터는 아시죠? 고양의 객사 이름이 벽제관입니다. 중남미박물관이 있는 곳에 고양향교가 있고 그 옆에 벽제가 있는데 그곳이 원래 고양의 중심부입니다. 고양이 참 재미있는 게 우리는 분단하에 있으니까 서울의 외곽이 고양이라고 생각하잖아요. 하지만 그게 아니라 고양은 서울의 외곽도 되지만 개성의 외곽도 되죠. 개성도 조선시대 경기도였으니까. 황금 보기를 돌같이 하라던 최영 장군의 무덤에 풀이 나지 않을 거라고 하는데 풀이 잘 나 있습니다.(청중 웃음) 공양왕 무덤 근처의 동네가 식사동食寺洞입니다. 공양왕이 쫓겨나서 숨어 지내는데 그 절에서 밥을 지어줬다고 합니다.

지도의 동네 이름을 보면 행신, 풍동, 정발산, 마두, 백석, 주엽 다 지금도 쓰이는 지명입니다. 그래서 제가 일산이 어디인가 찾아보려고 했는데 모르겠더라고요. 자유로를 따라서 인천공항 가는 길에 이산이 나옵니다. 일산을 지명사전에서 찾아보니 산 모양이 한 일(一) 자처럼 생겼다고 해서 일산이라고 했습니다. 산이 두 개, 정발산과 덕양산이 있는데 아무래도 일산은 정발산이 아닐까 그런 생각을 해봤습니다.

한강 남쪽 서울

강북 쪽 양주, 고양을 봤으니 이제 강남으로 내려옵니다. 양천입니다. 양천구에서 장소 마케팅 차원에서 지역 스토리텔링을 한다고 '양천관아에서의 하룻밤'이라는 프로그램을 들고 왔는데 이게 잘못되었습니다. 왜냐면 양천현감은 양천구에 살지 않고 강서구에 살았기 때문이죠. 원래는 강서구 가양동 쪽이 강서구의 중심부였습니다. 그래서 양천현감은 양천구에 살지 않고 강서구에 살았습니다. 강서구에서 양천현이 갈라져 나와서 그런 거죠. 그리고 양화진이 있는데 그곳은 서쪽으로 가는 중요한 나루터였습니다. 좀 더 가면 염창鹽倉, 소금창고도 있고요, 마포구 염리동鹽里洞이 있습니다.

대로를 쭉 연결하면 김포 가는 길로 아라뱃길이 나옵니다. 그리고 인천 가는 길에 개화산 봉수대가 있고요. 개화산 봉수는 들어보셨죠? 보통 봉수대가 있는 장소가 전망이 좋아요. 처음 휴대전화가 나올 때 기지국을 어디에 설치하면 좋을까 궁금했던 적이 있습니다. 기지국도 잘 보이고 전파가 잘 통하는 곳, 봉수대가 좋겠다고 생각했는데 실현은 안 되었습니다.

강서구와 양천구에 가면 중요한 인물이 두 사람인데 양천현감을 했던 겸재 정선과 양천 허씨의 허준입니다. 겸재의 그림을 보면 선유봉이 나옵니다. 지금은 선유도인데 예전에는 선유봉이었거든요. 하지만 여의도개발을 할 때 선유봉을 깎아 써서 지금의 선유도가 되었습니다. 이 동네 사람들이 내세우는 또 한 사람이 허준입니다. 이 동네에 가면 겸재정선미술관과 허준 박물관이 있습니다. 강서구 더하기 양천구가 양천현이라고 보시면 됩니다.

다음은 시흥으로 경기도 시흥이 아니라 서울의 시흥입니다. 구 이름 중에서 금천구가 있죠. 시흥현의 중심부는 경기도 시흥시가 아니라 금천구 시흥동입니다. 정조 때 이름이 금천에서 시흥으로 바뀌었습니다. 구로구에서 금천구로 갈라져 나올 때 시흥구라고 쓰려니 경기도 시흥시와 헷갈려 금천구라고 이름을 짓게 된 것이죠. 관악산, 삼성산, 삼막사 이런 곳부터 당산리, 영등포, 선유봉, 한강까지 시흥 땅이었습니다.

시흥땅 가운데 중요한 곳은 노량진과 장생현입니다. 원래 정조가 수원 화성으로 가는 길이 두 가지였습니다. 시흥을 통해서 가는 것과 마천을 통해서 가는 것입니다. 시흥을 통하는 길이 노량진을 지나 장생현 장승배기를 지나가게 됩니다. 도성의 귀신들도 레벨이 있거든요.(청중 웃음) 도성 안 귀신, 도성 밖 귀신들이 있는데 도성 안 귀신들은 종묘사직, 성균관 이런 거고 도성 안에도 못 들어간 한성부 밖 귀신들도 있고요. 장승은 민속신앙에 가까워 도성 안으로 못 들어오고 밖에 있어요. 노량진에서 배만 타면 한양이니까 장승이 여기 있습니다. 전국 장승의 우두머리가 장승배기의 장승입니다. 〈변강쇠전〉을 보면 변강쇠가 사고를 치다가 나중에는 장승을 땔감으로 쓰게 되고 장승들이 전국위원회를 소집하게 되는데요, 전국의 장승들이 변강쇠를 어떻게 할 것인가를 놓고 회의를 한 곳이 바로 노량진의 장승배기입니다.

장승배기를 지나 독산리를 지나면 행궁이 나오는데 그것이 바로 시흥행궁입니다. 여길 지나면 안양교, 수원화성을 지나는 길이 됩니다. 시흥을 가는 길은 관악산 뒤쪽으로 가는 길이고 이 길은 남태령, 인덕원, 수원 가는 길로 연결이 됩니다.

마지막에 나오는 게 경기도 광주입니다. 남한산성의 중턱에서 송파진, 압구정, 광나루, 양재역, 선릉, 정릉, 봉은사, 무동도 이런 것들이 나옵니다. 봉은사는 조선시대 경기도에 있던 절인 셈이죠. 선릉, 정릉, 헌릉도 마찬가지입니다. 삼릉공원(9대 성종의 능인 선릉과 정현왕후의 묘, 11대 중종의 능인 정릉, 세 능이 있어 삼릉임)은 도심부에 무덤이 있느냐가 아니라 왕릉이 있던 조선시대 시골에 개발되었던 거죠.

도시에는 흐름이 있는데 도심이 있으면 부도심이 있습니다. 원래 구도심과 구도심 사이에 길이 있고 그 중간에 역이나 원이나 주막이 있습니다. 구도심이 있으면 그 주변에 개발을 못 하니까 그 옆으로 신도심이 생기는 것입니다. 신도심이 생긴 다음에는 새로운 곳을 개발하려면 구도심을 재개발하거나 그 중간 지역, 원이 있던 지역을 개발하게 되는데요, 보시면 판교에 주막이 있었습니다. 곤지암, 교통의 요지죠. 남한산성이 이렇게 있으면 양재역까지는 동네가 없었습니다. 그다음 송파나루, 삼전도비, 광나루가 있는데 그러니까 남한산성에서 항복을 하면 삼전도나루로 갈 수 밖에 없는 거죠. 이렇게 보면 다른 건 몰라도 산은 바뀌지 않는데 강은 바뀐다는 겁니다. 원래는 한강이 흘렀는데 지금은 이 일대가 잠실로 변했습니다.

삼전도와 송파나루가 비가 많이 오면 새로운 물길이 생긴다 하여 신천新

川이라고 부릅니다. 새로운 하천, 신천이 생기고 섬이 되고 그런 것이 잠실입니다. 잠실이 개발이 되면서 주류가 신천으로 바뀌고 물이 위로 흐르면서 호수로 바뀝니다. 원래 물길이 흘렀던 이곳은 석촌호수가 됩니다. 석촌호수가 원래 한강의 물길입니다. 그래서 송파나루와 삼전나루가 여기에 있어야 합니다.

서울은 원래 한양, 한성부, 도성 안과 밖 더하기 한강진 밖 더하기 양주, 양천, 과천, 광주가 합쳐져 생긴 곳이고 강북과 강남이 나뉘어 있습니다. 한양도성이 남산이고 관악산이 서울의 남산이 된 건 1963년 이후의 일입니다. 한양에서 서울을 찾아보고 한양에서 현재 서울까지 어떤 경로로 왔느냐가 제가 하는 이야기로 '장소란 시간의 이야기가 녹아 있는 지층이어서 장소를 통해서 이야기를 발견한다'입니다. 장소가 말해주는 그 어떤 이야기들을 오늘 여러분께 드리고 싶었습니다.

유재원

옛날 서울말과 서울 사투리

앵경, 핵교, 팬지…. 70년대까지만 해도 서울에 살던 우리의 어머니, 아버지들이 쓰신 서울말이다. 서울 사람들만 쓰는 사투리가 따로 있었고 심지어 영등포, 종로 등 지역별로도 표현과 발음이 각기 달랐다. 이렇게 다이내믹했던 서울말은 70년대 말, 80년대를 거치며 왜 급격히 사라졌을까? 그리고 과연 서울말은 표준어일까, 사투리일까? 무심코 지나쳤던 우리의 말, 언어에 대해서 생각해보는 기회를 가져보자.

* 이 글은 강의 시작 전 유재원 교수의 어머니 강명숙(92세) 님의
  구술을 정리한 내용입니다.

안녕들 하셨어요! 나는 유치원 다니기 전 다섯 살 때 봉익동에서 살았어요. 봉익동이 어디냐 하면은 단성사 있는 그 오른쪽으로 골목이 있어요. 그 동네가 전부 봉익동이에요. 하루는 아침에 할머니가 머리를 빗겨주면서 같이 나가자 그래서 어디 나가는지도 모르고 따라 나갔지. 그랬더니 단성사 앞이었어요. 단성사 앞 네거리가 지금은 그리 넓지도 않은데 그땐 얼마나 넓은지 몰라. 그런데 사람들이 꽉 찼어요. 이게 뭔가 이러고 한참 있었더니 기마병이 왔다 갔다 하고, 얼마 있다가 '(순사들이) 떴다!' 하는 소리가 나요. 그래서 '어?' 이러는 사이 사람들이 없어져버렸어. 다 도망갔어. 보니까 전부 신발을 벗어던지고 도망간 거야. 그리고 순사들이 말을 타고 왔다 갔다 해. 나중에 알고 보니까 고종황제 그 전 황제(철종)가 돌아가셔서 대궐 앞에서 장례 가마가 나오는 거예요. 사람들이 구경 나왔다가 가마가 나온다고 덤비니

까 말을 탄 순경들이 왔다 갔다 하는 그런 일이 있었어요.

(기억나는) 또 하나는 유치원 다닐 때 친구가 자기 집에 가자 그래요. 그래서 갔더니 아주 집이 좋아요. 그것도 대궐 앞이죠. 그 동네가 전부 그래요. 친구집에 승용차도 있고 그래요. 그런데 친구랑 같이 앉아 있는데 하녀가 상을 들고 들어와요. 그게 지금 생각하니까 코코아인가 봐요. 코코아 두 잔을 가져오고 그 옆에 비스킷이 있어. 난 처음 봤거든. 그 친구가 '요거 이렇게 먹는 거다' 하고 비스킷을 코코아에 찍어서 먹으래요. 그래서 먹어봤더니 참 맛있거든. 그런 일이 있었어요.

그러고 나서 소학교에 들어갔죠. 교동국민학교, 지금도 있는데 그 동네 주민이 별로 없어서 작년에도 입학생이 다섯 명밖에 없다나. 그런데 없애진 못한대. 그게 처음 생긴 국민학교래요. 그 학교를 다니면서 6학년이 되어 상급학교를 가는데 (그 당시) 경기여고가 첫 번째고. 국민학교 졸업생이 60명. 우리 학교가 성적이 좋아서 경기여고를 18명씩 합격시켜 보냈어요. 나 때도 18명 지망을 했는데 그때는 발표를 1차, 2차로 하는데 1차는 시험 본 것으로만 하고 2차는 신체검사하고 면접하고. 그런데 이제까지 18명이 다 됐으니까 되겠지 했는데 1차에 가서 떨어졌어요. 4명이 떨어졌는데 거기서 (저도) 떨어졌거든.

그래서 아버지가 이화여고에다 입학원서를 내려고 했는데 학교에서 안 써줘요. 이화여고 사상이 나쁘다 그거죠. 그래도 억지로 (원서를) 받아서 냈어요. 그런데 입학원서를 경기(여고)가 마감할 때 이화여고도 마감을 해버려. 그러는데도 청을 해서 들어갔어요. 입학시험을 보려고 들어갔는데 교실에 몇 명 없어. 입학원서 번호를 지금도 내가 기억을 하는데 127번이야. 입학원서에서는 내가 제일 꼴찌지. 에휴 참. 그랬는데 다행히 됐어요. 그래가

지고 (이화여고에) 들어갔는데 나는 너무 창피해. 경기 들어갈 줄 알았는데 이화, 에휴 여길 어떻게 다니나 그래서 책가방으로 뺏지를 가리고 다녔어. 학교 들어갔더니 출석을 부르는데 그 당시 학교에서는 이름을 일본말로 부르고 대답을 하는 게 '하이はい'야, 근데 여기선 '강명숙' 하고 부르는 거예요. 그런데 '네'라고 얼른 안 돼. 그러니까 '하이'라고 대답해. 또 불러. 다섯 번 여섯 번씩. 난중에는 '에이그, 됐다.' 그 이튿날 또 그렇게 해요. 그렇게 허기를 한 일주일도 더 했을 거야. 그거 고친 다음에는 '강명숙' 그러면 '네' 그런 거예요. 그렇게 해서 다녔는데 이화에서는 이제 아주 좀 달라요.

그런데 어떻게 했더라. (너무 자세히 갔어요, 고등학교 이제 졸업했어요.) (청중 웃음) 아니, 일본 놈이 또 어떻게 했는데. 이화하고 맞은편에 영사관 있었잖아. 러일전쟁이 났는데 내가 그때 이화에서 선생 노릇 했거든요. 그런데 일본 헌병이 현관문을 빌렸어. 거기서 대사관을 밤낮 지키고 있어요. 근데 그 거까지는 괜찮은데 이화 기숙사고 뭐고 돌아다니면서 시간표를 보니까 일어, 조선어, 영어 이렇게 시간표에 들어가 있거든? 왜 국어가 아니고 일어냐? 누가 이렇게 했느냐? 하면서 거기서 몇 명만 지정을 해가지고는 정학을 시켜라 그래서 이화에서 정학시켰죠. 그리고 (정학 당한) 애들은 학교는 나와. 이화가 그런 식으로 했어요. 그다음에 난 너무 이화 잘 왔다, 이렇게 좋을 수가 없다. 그다음에는 경기 간 친구들 미워서 안 봤어요. 그리고 이제 이짝에 이화하고만 놀았죠.(청중 웃음) 그래가지고서는 내가 일본에 공부하러 갔어요.

방학에 집에 갔는데 친구들이 뭐 숙덕숙덕 얘기해. 그래서 뭐 얘기하니? 그랬더니 저희 동네에 대학생이 있었는데 걔가 대들보에다가 목을 매고 죽었대. 자살을 해버렸어. 그러니까 동네에서 떠들고 정부에서도 내리질 못하게 해요. 그리고 왜인 사람 불러다가 보이는 거야. 이렇게 죽으면 너희는 언제까지 이렇게 놔둔다고. 그렇게 못되게 굴었어. 대학교 졸업하고 이화여고에 와서 내가 물상화학을 가르쳤어요. 그런데 히로시마 사건이 났지. 일본에 B-29가 와서 폭격했잖아요. 그때 애들은 다 방과 후 헤치고는 선생들은 건물 바깥에 서서 하늘을 쳐다보고 있었어요. 그런데 저짝에서 하얀 비행기가 착 날아와요. 그게 B-29야. '어머, 저 비행기 좀 봐.', '어우, 저거 어떻게 저렇게 이쁘냐.' '어우, 참 좋다.' 하얀 게 너무 이뻐요. 그냥 착 펴가지고는 나가는데. B-29까지 봤어요. 이것저것 얘기가 많았었는데 얼른 생각이 안 나네.(청중 웃음)

유재원　어머니께서 피아노를 전공하고 싶으셨는데 손도 작고 힘도 없어서 선생님이 하지 말라 그랬대요. 그래서 떼를 써서 동경으로 동경여자약학 대학을 가서 우리나라 약사 번호 6번을 다셨어요. 대한민국 약사 번호 6번. 제가 어려서부터 약을 못 먹었어요. 약을 안 주셔가지고.(청중 웃음) 근데 지금 잠깐 말씀하시는 것 중에서 제일 먼저 눈에 띄는 건 단-성사죠. 굉장히 길게 말씀하시죠. 그다음에 소학교 이런 것들 다 일제 때 쓰던 말이고요. 그리고 이제 물상이라는 말도 더 이상 안 쓰죠. 물리화학을 물상화학이라고, 이게 일본식 말이죠. 이런 어휘들이 아직도 안 바뀌셨고요. 저는 어려서 친할머니는 안 계셨고 그래서 외할머니하고 시간을 가장 많이 보낸 손자가 됐어요. 외할머니가 1878년? 98년? 하여간 19세기 분입니다. 근데 어려서 듣던 얘기들이 나중에 보니까 저한테 굉장히 큰 밑천이 되더라고요. 어렸을 때 많이 알지 못하고 들었는데 나중에 알고 보니까 그 말이 저한테 많은 도움을 줬던 기억이 납니다.

옛날 서울말과 서울 사투리

표준어와 사투리

오늘 저는 표준말과 서울말에 대해서 이야기하려고 합니다. 사람들은 서울말과 표준말을 혼동하는 경우가 많습니다. 1933년도에 조선어학회에서 만든 표준어 규정에 의하면 표준어는 현대 서울의 교양이 있는 중류계급에서 쓰는 말로 정함을 원칙으로 합니다. 표준어에 대한 정의가 있고 없고에 따라 언어는 엄청난 차이가 납니다. 우선 한 나라 말이 공용어로 쓰이고 교육언어로 쓰이고 학문언어로 쓰이기 위해서 세 가지 조건을 만족해야 합니다.

우선 맞춤법이 같아야 합니다. 가령 '달이 다리 위에 떴다'를 어떻게 몇 가지로 쓸 수 있습니까? 달이를 두 가지로 쓸 수 있어요. 쓰는 사람마다 달리 쓴다고 그러면 굉장히 혼란스럽겠죠? 이런 걸 정리해주는 맞춤법이 되어 있지 않으면 그 나라 말이 공용어로 쓰이기는 불가능합니다. 그런데 우

리나라는 맞춤법이 제일 먼저 나온 것이 1933년에 조선어학회에서 만들기 전에 1896년에 독립신문이 나올 때 이미 이런 원칙에 의해 독립신문 맞춤법이 만들어졌습니다. 띄어쓰기도 처음 했고요 지금 동양 3국 국가의 언어 중에서 띄어쓰기 하는 건 우리뿐입니다. 그때 어떤 분들이 그걸 했나 제가 궁금해서 봤더니 우리말을 배운 선교사들하고요, 신부님들, 우리나라의 주시경, 서재필, 유길주 이런 사람들이 선구적으로 신문을 만들기 위해 준비를 하고 있었습니다.

갑오경장 이후에 고종이 우리나라, 그러니까 공문서를 한문으로 쓰던 것을 국한 혼용문, 국문으로 하라 그랬거든요. 물론 한문이 계속 남아 있습니다만 'Yesterday, I went to the school.' 해놓은 것을 'yesterday에 I가 school에 go했다.' 이렇게 쓰는 겁니다. 그럼 확실히 달라지죠. 한자만 읽으면 그 다음에 우리 문장만 알면 되니까, 중국 문법이 필요 없는 거겠죠. 그 정도로 대한제국 시대 때 언어의 변혁을 가져왔는데 거기서 한 발 더 나가서 아예 독립신문을 보시면 깜짝 놀라는 게요, 한자가 하나도 없었습니다. 그러니까 이미 독립신문을 가지고 우리가 문자생활을 하고 있어서 한자가 필요 없다는 걸 보여준 거죠. 그런 다음에 교과서까지 다 만들어 썼죠. 1910년까지는 우리나라 주권이 살아 있었으니까요. 그다음에 일제가 들어오면서 모든 걸 뺏기게 되죠. 그런데 주시경 선생을 중심으로 해서 계속 표준말을 만들어나 갑니다.

그래서 1933년에 표준어 규정이 나오는데, 여기서 중류계급이 사용하는 언어보다는 교양이 있는 사람이 두루 쓰는 언어가 더 낫다고 했는데요, 어느 거나 두루뭉술한 건 마찬가지예요. 그런데 여기서 보면 서울말이 표준말의 중심인데 서울말이 뭐냐는 것은 어디서도 찾아볼 수 없습니다. 서울말이 무엇인가? 아직도 정리가 안 되어 있습니다. 서울 사람들이 말하는 게 서울 말인데, 글쎄요, 서울말이 다 서울말이라는 게 없습니다. 실은 우리말은 이렇게밖에 안 되지만 그럼에도 불구하고 서울의 위력이 가장 강한 나라입니다. 전 세계 어느 곳도 우리나라의 수도보다 더 힘이 센 도시를 가지고 있는 나라가 없기 때문에 문제없이 넘어가고 있습니다.

서울의 발전을 보면 을사조약 당시가 25만 명입니다. 전제 인구 수는 해방 때 2천만이고요. 일제 때 한 천 만 정도 됐을까요? 36년에 일본 사람들이 많이 들어오고 증가가 돼서 서울 인구가 73만 명이 됐답니다. 1933년이 우리가 맞춤법을 만들었을 당시인데 73만 남짓, 해방된 다음에 140만 명, 55년에 200만 명인걸로 기억합니다. 그다음에 75년에 제가 유학을 떠날 당시 서울 인구가 500만 명이 곧 된다 그랬습니다. 유학을 마치고 왔더니 1,000만이 넘었다고 해요. 이게 굉장히 중요한 것인데 75년부터 83년까지 두 배 이상이 늘어나게 됩니다. 그리고 유학을 다녀와서 서울말이 완전히 달라져 있었습니다. 그때 서울에 사시던 우리 부모님도 변화를 몰라요.

지금은 수도권 주변을 다 합치면 2,500만이 되니까 전 인구의 반이 여기 있는데 방송의 효과로 말미암아 제주도 가서도 표준말 듣는 시대가 됐거든요. 제가 66년도에 제주도 한라산을 올라갔다 길을 잃어서 버섯 키우시는 분이랑 만났는데 한 마디도 안 통했습니다. 손짓 발짓을 해도 안 통해서 길 물어봤다가 그냥 나왔거든요. 그때는 부산만 내려가도 거의 말이 안 통했던 것 같아요. 통역관이 필요하든가 떠듬떠듬해서 겨우 의사소통을 했거든요. 66년, 67년 제가 배낭 짊어지고 들어가다가 산골 같은 데 가게 되면 참 소통이 어려웠던 때가 생각이 나요. 지금은 방송이 발전하고 특히 텔레비전이 들어온 다음부터는 서울말이 급속히 퍼져나갔어요. 그 덕분에 지방말들

222

이 많이 손상을 입었죠. 지금은 방송 때문에 지방에 있는 사투리가 급속히 사라지고 인터넷을 통해 영어가 전 세계로 확산되고 있는 현상입니다. 그건 심각한 문제입니다.

서울말 굳히기

83년부터 서울말 굳히기 과정이라는 말을 썼는데요, 제가 기억하는 서울말 이라는 게 그렇습니다. 50년대부터 75년도까지는 이 나라를 떠나지 않고 있었습니다. 그 당시에는 누가 서울 와서 '니 밥 묵었나?' 하는 순간 주변 사람들은 자지러집니다.(청중 웃음) 그리고 쫓아다니면서 '밥 묵었나, 묵었나' 하면서 놀립니다. 거의 '내가 집이 광준디' 하는 순간부터 그 말 고칠 때까지 폭력에 가까운 흉을 봤습니다. 서울말 안 쓰고는 여간해가지고는 서울에 살기 힘들었던 기억이 납니다. 제 친구들 중에 잠깐 부산 가서 1년 살다 다시 온 애가 있는데 부산말 쓴다고 우리가 놀렸던 기억이 나요. 그게 75년도, 제가 유학을 떠날 때까지 서울의 분위기였습니다. 서울에 와서 서울말을 안 쓴다면 상당한 불이익 내지 흉잡힐 생각을 해야 했죠. 물론 성인들은 몰라도 학교에서는 그랬습니다.

83년 유학에서 돌아왔더니 서울 발음이 달라져 있는 걸 발견했습니다. 특히 장단 차이가 많이 나거나 아예 사라진다든지, 또는 '애', '에' 구분이 잘 안 되었죠. 제가 유학 가기 전까지 중고등학생들까지 새 세 마리 같은 걸 틀리지 않았었는데 유학에서 돌아와보니 그것을 구분하는 대학생이 없더라고요. 장단 구분이 그때 많이 사라졌다는 걸 느낄 수가 있었습니다. 그다음에 우리 부모님에게서도 장단이 옛날보다 훨씬 희미해져 있는 것을 느꼈지만 그 부분을 여쭤봐도 여기 쭉 사셨기 때문에 잘 몰라요.

국립국어연구소(현재 국립국어원)에서 저의 은사이신 이현복 선생님께서 서울말의 발음을 마지막으로 지켜야겠다고 하셔서 그 당시에 서울에서 2대 이상 산 60세 이상의 교양 있는 사람들의 발음을 조사하라고 저에게 맡기셨어요. 그런데 60세 이상 2대 이상 서울에서 산 사람을 아는 사람이 저밖에 없었어요. 다른 애들은 광주에서 오고 부산에서 오고 충주에서 오고 그래서 대상자를 못 찾았죠. 결국은 제가 명단을 작성하는데, 다 부모님 친구들이고 아는 분들이니까 하다못해 귤 몇 개라도 사가지고 가서 인사드리고 녹음을 했습니다. 지방 사람들은 서울 발음의 차이를 제대로 못 잡아냅니다. 그래서 또 분석까지도 제가 떠맡다시피 했는데요, 한동안 음악을 안 들었습니다. 하도 귀를 혹사해서요.(청중 웃음) 제 발음이 그때 굳어져버렸어요. 귀국하자마자 서울말을 들으러 다녔고 그걸 분석을 하다 보니까 제 발음이 안 바뀌는 거예요.

1986년 방송언어 60주년 때 방송언어변천을 맡아서 또 분석에 들어갔습니다. 재미있는 걸 참 많이 배웠는데 서울 발음이 생각했던 것보다 달랐구나 생각했어요. '내가 어렸을 때 저렇게 말을 했었어' 그렇게 느끼니까 50년대하고 80년대 차이를 느끼겠더라고요. 이후로 계속 이런 일들이 걸려요. 표준한국어발음대사전을 KBS아나운서실과 국어연구원이 같이 만들었습니다. 그렇게 93년까지 10년간을 표준말 발음에 대해서 계속 하다 보니까 제가 지금 하고 있는 서울말은 무형문화재급입니다. 옛날 발음을 가지고 하는데 그것도 이제 별 의미가 없어요. 말은 상대자가 있어야지만 그 발음을 유지할 수 있습니다.

제 초등학교 동창 중 한 친구와 연락이 되어서 그 친구 집에 놀러간 적이 있습니다. 그 친구네 집이 한남동에 있었어요. 그 집에 가기 위해선 택시를 타야 하는데 합석을 해야 했어요. 그땐 택시 잡기가 어려울 때입니다. '할 람동 갑시다, 할람동.' 그러는데 안 서요. 한남동을 할람동이라고 하니까 모 르는 거예요. 저는 그것도 모르고 계속 할람동 하는데 어떤 차가 딱 서더니 '한남동 가세요?' 그러는 거예요. 그래서 탔더니 '서울분이시군요?' 자기가 서울 사람이라서 알아들었다는 거죠. 그래서 '여기서 한남동 할 때가 됐나?' 그런 걸 느꼈습니다. '이제는 내가 바꾸지 않으면 내가 불편하겠구나'라는 생각을 처음 해본 게 그때였습니다. 그래서 제가 말씀드린 것처럼 무형문화 재 지정을 받아야 되지 않느냐, 제 주장이고요.(웃음)

아버지 연대에서 남아 있는 사투리가 있는데 따라하진 않고, 기억만 하 고 있는 것이 몇 가지 있습니다. '저 **비달기** 봐라.' 그다음에 '**앵경** 어디 갔 냐?' 말을 하세요. '아니, 여기 있었는데?' 그러면 '**팬지** 가져와라.' 얘기하죠. **학상**, 이거는 남자분들보단 여자분들한테 많이 들었어요. 할머니들이 학생 을 부를 때 학상이라고 부르죠. 그다음에 점잔 떨면서 **겸심**은 먹었나 말씀 하십니다. 기름을 **지름** 그러잖아요. **맹갈다**, 맹갈아서라는 말도 있습니다. 돌멩이를 **돌막**이라고도 하고요.

당시의 서울말이 종로 3가를 중심으로 해서 동쪽 말하고 서쪽 말이 달랐 습니다. 동대문 쪽에 가면 **그렇스므닙죠** 이런 말을 썼어요. 서대문 쪽에 오 면 그런 말 못 듣습니다. 그리고 **그랬사와요** 같은 경우는 서울말이라기보다 는 고양군, 그러니까 서대문을 넘어서 영천쪽으로 가면 **그랬사와요**를 썼어 요. 여기서 제가 말하는 서울은 사대문에서 일제 때 넓혀진 정도의 범위를 얘기하는 거지요. 서울 사람이라면서 뚝섬 사람이라고 하면 당시는 서울에 서는 물 건너온 놈이라고 서울 사람 취급을 안 했거든요, 솔직히.(청중 웃음) 그래서 사대문 사람들끼리는 '저거 물 건너온 놈이야.' 영등포도 물 건넜죠?

잠실은 아예 서울 아니었고요. 그 당시에 뚝섬, 왕십리도 그러고요. 그랬던 시절이 있었습니다.

언니

서울에서 쓰는데 다른 지방 가면 오해 받는 말이 **언니**입니다. 저는 큰 언니, 작은 언니라고 했는데 일제 때 조선어학회에서 국어학자분들은 다 저렇게 했어요. 최현배 선생님께서 김두봉 선생님께 쓰신 편지를 보면 두봉 언니께, 이렇게 보냅니다. 그리고 졸업식 노래 기억나실 거예요. '빛나는 졸업장을 타신 언니께' 왜 언니입니까? 그게 남자한테도 언니고, 여자한테도 언니니까 졸업장을 타신 언니께라고 하는 거거든요. 그게 자기 윗사람, 선배일 때 다 언니라는 말을 썼어요.

　지방에서 오신 분들이 데우다, 덥히다란 말을 못 배우더라고요. 데워줄까 하는데 덥혀줄까? 요거, 덥히다는 말하고 데우다는 말도 극복이 잘 안 되고요.

~하니?

서울말 배울 때 지방 남자분들이 배우기 힘든 말이 '너 밥 먹었니?' 하는 거예요. 남자가 남자한테 '밥 먹었니?', '너 뭐하니?' 그러는 게 아주 듣기가 힘들대요.

알짝지근하다

알짝지근하다는 말을 아시나요? 서울 사람 이외에는 잘 안 쓰는 말 같아요. 제가 며칠 전에 휴대폰을 잃어버렸거든요. 아직도 알짝지근해요. 다른 말로는 표현이 잘 안 됩니다.

가는 맡에

가는 맡에는 가는 마당에라는 말입니다. 사전 작업 하시는 조재수 선생님이
이 말을 듣더니 받아 적더라고요. 다른 지방에서는 안 쓰는 말이라 그러면
서요. 가는 맡에 오는 맡에 하는 말. 이런 말들이 어휘적으로나 용법적으로
다른 서울말들입니다.

은제, 언제?

은제는 그냥 은제라고 하지 언제는 안 나와요. **으영원한** 영화는 없다. 이 발
음을 한번 해보세요. 벌써 발음이 바뀌셨죠? 서울분인데도 **영원한**으로 바
뀌셨습니다. 저는 아직도 으영원한이로 발음이 남아 있고요, 어머니는 이게
영원한으로 바뀌셨어요. 생존을 위해서 바뀐 겁니다. **으영등포**도 한번 해보
세요. 아까 말씀드린 것처럼 저는 이게 굳어져버렸어요. '아, 내 발음이 좀
의미가 있구나' 하고 지켰어요. 우리 어머니 같은 경우는 그런 게 없으니까
영원한, 영등포로 하거든요.

영:애, 병:신, 술:병, 해:병대…

우리 누나 이름이 영애예요. 영:애(으영애)가 있고 영애가 있습니다. 꽃부리
영英 자는 영애, 길 영永 자는 영:애(으영애). 그래서 그걸 구분을 하면 영애하
고 영:애(으영애)하고는 다른 애인 셈이죠. 그다음에 이런 거는 좀 들어보셨
을 거예요. 그지 같은 놈. 거지 같은 놈이라고는 안 하거든요. 브영신과 병:
신. 그다음에 여기도 마찬가지로 염:병할 놈이지 염병할 놈은 없거든요. 나

중에는 옘병까지 가죠. 그리고 술병:과 술병이 다릅니다. 술 먹고 난 병은 뭐예요? **술병**:이고 **술병**은 술병입니다. 차이가 안 나나요? 차이가 나는데 구별은 못 하죠? 그러니까 술 먹고 앓는 병은 **술병**:이고요, 술 담는 병은 술병이고요. 아까도 얘기했지만 **해:병대, 해:안선**. 이런 말들은 꽤 오래 전에 없어졌습니다.

둔 우 전 → 돈 오 전, 지가요 → 제가요, ~허구 → 하고

둔 우 전은 어렸을 땐 들었어요. **돈 오 전**을 **둔 우 전**이라고 했죠. **제가요**를 **지 가요**라고 했죠. **그렇게 허구**, 아직도 서울 사람들은 다 허구 그래요. 경상도 분들이 많이 들어와서 하고가 됐습니다. 전라도에서도 허구라고 하거든요.

새 세: 마리가, 개 네: 마리와

이거 한번 읽어보시죠. '새 세: **마리가 개 네: 마리와** 길을 가다 **게: 세: 마 리**를 만나 모두 **열: 마리가** 되었다.' 여기에 땅땅 점을 표시해놨는데 이게 요새 발음으로는 '새 세 마리가 개 네 마리와 길을 가다 게 세 마리를 만나 모두 열 마리가 되었다' 이건데요. 이걸 제대로 발음하려면 장단이 뚜렷하 게 바뀌어야 됩니다. 실은 이 문장이 1983,4년에 연극극단 연우무대 겨울 워크숍에서 배우들을 훈련시킨 문장입니다. 그때 열심히 하는 사람 중에 지 금도 기억나는 사람은 문성근 씨로 참 잘했습니다. 나중에 봐도 역시 참 잘 하더라고요. 배우들 제 1의 좌절이 새 세: 마리부터 잘 안 되는 겁니다.

헤어지다/해어지다

헤어지다와 해어지다인데요. 사람이 헤:어지는 거고 천이 해어지는 거고요.

말씀드렸습니다만 KBS아나운서실에서도 이제는 더 이상 이걸 가지고 선배가 후배 아나운서를 바로잡는 일은 점점 없어지고 있습니다. 결국은 없어지겠죠.

애/에

그다음은 **애/에** 구분인데요. 이건 지금 표준 발음에서 거의 포기했습니다. 포기했다는 것을 어떻게 알 수 있는가 하면은 KBS아나운서실에서도 이건 더 이상 바로잡질 않아요. 이미 젊은 아나운서들한테 요구하지 않는다고 합니다. 1980년대까지는 한번 지켜보려고 노력하다가 결국은 처음에 장단음을 포기하고 그다음에 애/에 구분을 포기하게 되죠.

밤/밤:, 배/배:, 눈/눈:

밤에 밤:을 먹으니

배 위에서 배:를 먹었더니 배가 아프다.

그 눈에 눈:이 들어가니 눈물인가 눈:물인가.

철자에 따라가는 발음입니다. 당고개 간다 그러지 않습니까? 이거 당꼬개 거든요? 지금 이거는 바로잡긴 글렀죠? 이제 당고개 간다고 하지 누가 당꼬개 간다고 하면 알겠어요?

사이시옷과 ㄴ 덧나기

김추자가 노래 부를 때 나무잎 떨어져 그럽니까, 나뭇잎 떨어져 그럽니까? 못 잊어예요, 몬 니저예요? 패티킴이나 윤복희 보면 다 못 잊어입니다. 그런데 요즘 세대는 몬 니저로 발음합니다. 맛있다를 마딛따 하는 사람 보셨나요? 마딛따, 마싣다, 머딛따, 머싣다 거의 없죠. 저는 아직도 마딛따, 머딛따 해가지고 남들이 못 알아들어요.

의 발음

의는 굉장히 어려운 발음입니다. 의사하면 보통 **으**사라고 그러죠? 으사(의 사), 으회(의회), 으미(의미), 으문사(의문사), 이게 1음절일 때 이렇게 하지만 2음절일 때는 **이**로 해요. 전문이(전문의), 민이(민의), 사이(사의)를 표하다. 여이도(여의도), 여이주(여의주) 이렇게 말하죠. 그래서 이로 됐다는 걸 알 수 있는 게, 닭의 알이 달걀이 됐거든요? 닭의 똥이 달기똥이 됐습니다. 달기장(닭장)도 마찬가지이고, 달기씨배기는 닭의장풀의 방언인데 이는 닭의가 달기가 됐다는 걸 알 수 있는 분명한 증거들입니다. 옛날에는 의가 이로 발음된 거예요. 현재 서울 발음에서 소유격을 나타내는 의는 에로 발음하라고 합니다. 그런데 노래를 부를 때만큼은 틀리면 안 됩니다. **너에 침묵을** 너으 **침묵을** 이라고 하면 안되는 거죠. 제일 어려운 문제는 **민주주의의 의의**입니다. **민주주이에 으이** 해야 되거든요? 김대중 대통령은 이걸 **민주주으으 으으**, 김영삼 대통령은 **민주주이이 이이**. 지방 사람들에게는 민주주의에 의의를 정확한 서울 발음으로 하기가 굉장히 어렵습니다. 어떤 사람이 경상도인지 전라도인지 어떻게 아느냐, 의자 발음을 들어보면 압니다. 의자를 으자로 하면 전라도고요, 이자로 하면 경상도입니다. 의사를 이사, 이회 하면 경상도, 전문으, 민으 하면 전라도로 보시면 됩니다.

어떻게 보면 발음이라는 게 문자보다 더 보수적인 면이 있습니다. 문자에는 안 드러나는데 발음에는 드러나는 경우가 있습니다. 아비는 애비가 되는데 나비는 왜 내비가 안 돼요? 그런데 한자는 안 됩니다. 자비가 재비가 되는 일은 없죠. 이런 현상은 순우리말에만 나타나는 현상입니다. 한자어에는 이게 적용되지 않습니다. 만약 적용되기 시작하면 한자의 의미를 잃었다는 거죠. 그런데 옛날에 **나비**는 **나븨**였습니다. 지금은 의가 사라지긴 했는데 발음에서는 그대로 남아가지고 ㅣ **모음역행**을 못 일으킨 거죠. 남비, 애비, 어미, 애미가 되는데 잰디나 내비가 되지 않습니다. 잔디도 잰디가된 게 없죠? 옛날에 어떻게 잔디를 썼는지 기억나세요? ㅢ를 받쳐 썼거든요. 나비도 옛날에 ㅢ 받쳐 썼거든요? 철자는 바뀌어도 발음은 남는다는 겁니다.

늬 발음

늬가 말이야. 어머늬, 너 어디 가니? 할 때 늬가 어느 정도로 찢어지냐. 늬가, 늰은 한번 해보시죠. 늬:은 하는 사람 있나요? 왜 늰은 늬은 그럽니까? 만약에 제가 늰은 발음을 가지고 어머늬라 하면 어떻게 되냐면 어머늬, 누가 돼죠? 네, 맹구가 되죠? 보통 우리가 발음하는 건 다 구개음화되어서 늬:가 어머늬: 어디 가늬: 이렇게 하는데, 그런 사람들도 늰은 할 때만큼은 늬:은 안 합니다. 그다음에 니나노 하지 늬:나노 하면 틀려요. 이렇게 받쳐 적었던 ㅢ가 발음에 그대로 남아 있다는 거죠. 그런데 이건 서울말의 문제가 아니라 발음이 굉장히 보수적인 면도 있다는 겁니다.

희야, 희망, 영희

희야와 히읗이 음성학적으로 똑같은 소리가 아닙니다. 이승철이 '희야 날좀 바라봐' 할 때 발음을 어떻게 하시는지 혹시 주의해 들어보셨나요? 음성학적으로는 굉장히 재밌습니다. 희는 히로 낼 수도 있고 히:로 낼 수도 있거든요? 발음을 저 뒤에서 냅니다. 희야 하면서 목구멍 깊숙이에서부터 냅니다. 그런데 히읗 할 때는 앞에서 소리를 낼 수밖에 없습니다. 힘 할 때, **힘:** 이상하죠? **희:야**는 괜찮은데 힘:은 벌써부터 김이 빠집니다. 희와 희:가 실은 다르고 이게 발음에 나타난다는 거죠. 그래서 **영희** 할 때 여러분은 발음을 달리하고 있습니다. 이런 걸 가지고 뭘 해요? 첩보영화를 보면 언어학자를 불러서 '저 사람이 어디 출신인지 맞혀봐라' 하지 않습니까? 철저하게 자기가 가지고 있는 테스트 낱말로 자꾸만 대화를 시켜보면 한 이삼 일이면 어디 출신인지 알 수 있습니다.

발음의 불규칙성

우리말이 굉장히 어려운 말입니다. **대학** 그럽니까, **대:학** 그럽니까? **대학교**에 가요, **대:학교**에 가요? 대학교에 가거든요. **대전, 대구**도 다 짧습니다. 이게 다 클 대* 자예요. **대:학자, 대:전제** 보세요. 똑같이 클 대 자 써놓고 어디서는 짧게 읽고 어디서는 길게 읽습니다. 이건 대학자 대전제는 아직도 한자를 의식하고 있는 겁니다. 그런데 이미 대학, 대전, 대구는 한자로부터 관계가 끊어졌어요. 대학, 대전, 대구에 클 대 자를 쓴다는 게 우리 의식 속에서 완전히 사라진 겁니다. **매일**을 **맬** 그럴 수 있습니다. **매인다를 맨다**로 줄일 수 있습니다. **애인**을 **앤**이라고는 못 합니다. **맑게 개인 날**은 맑게 갠 날이 되는데 **개인**은 **갠**으로 못 한다는 거죠. 왜냐면 우리가 그게 한자라는 걸 의식하고 있다는 거예요. 그래서 한국사람 머리가 대단한 거죠. 이게 **가로수**하고 **가:게**인데요, 가로수는 짧게 하고 가게는 길게 하거든요? 가게는 한자에서 왔는데 그게 끊어져서 장단이 바뀌어버립니다. 그럼 **가정**과 **가계**는 어떻게 됩니까? 똑같은 집 가* 자를 써놓고 가:정 그럽니까? **가정, 가:**

계 그렇습니다. 한자의 장단을 얘기할 때마다 제가 항상 써먹는 예입니다. 한자만 알아서는 발음은 발음으로 배워야 해요.

이런 것도 웃깁니다. **물건**하고 **물껀**. 복덕방 가면 다 물껀이라고 그러죠? 그런데 쓰는 건 똑같이 씁니다. 이건 설명할 길이 없습니다. 관용상 부동산 시장에 나와 있는 것은 물껀, 그리고 그 외의 것들은 물건으로 발음한다고 얘기할 수밖에 없습니다. 다른 이유를 댈 도리가 없어요.

땅꺼미가 질 때 땅거미가 기어갔다. 땅꺼미냐 땅거미냐. 피란과 피난은 보통 구별을 못 하시더라고요. 지금 피란 간다는 사람 있나요? 6·25 때 피난 갔었다고 그러잖아요. 원래 피난은 재난을 피하는 겁니다. 임진왜란, 병자호란에서는 란이 맞고요. 호난 하지 않습니다. 그런데도 지금 사람들은 피난 갔었다고 그러지 피란 갔었다고 안 하거든요. 이런 것들은 발음의 불규칙성으로 봐야 할 것 같습니다.

납량 특집이라고 있죠. 지금은 납량 특집이 됐는데 납양 특집이에요, 납량 특집이에요? 옛날에 윤보선 대통령은 만날 육니오 때 그랬습니다. 또 교꽈서냐 교과서냐, 효꽈냐 효과냐, 그리고 체쯩이나 체증이냐 이것도 포기했습니다. 현재 표준어 발음은 양쪽을 다 인정한다로 되어 있습니다. 어느 쪽으로 발음하든 다 맞다로 바꿔버렸습니다.

릉 발음은 어렵습니다. 보통 태능이라고 그러시죠? 그런데 무릉도원 하십니까, 무능도원 하십니까? 저는 태릉, 서릉, 서오릉 합니다. 많은 사람들이 무릉도원 하다가 갑자기 태능 하시는데 아마 능 때문에 그러실 겁니다. 능이라는 낱말이 먼저 떠오르니까 태능, 서능 하는 거죠. 이걸 능의 이름으로 본 거죠. 그런데 왜 설릉이 선능이 됩니까? 선릉역 간다고 쓴 걸 봐서 설릉이 맞는데 선릉역이라고 하는 바람에 저렇게 된 거지 설릉이 맞죠.

다음으로 ㄴㄹ인데요. 실라, 절라도 틀림없죠? **열륙교**는 발음을 어떻게 합니까? **연늇교**예요, **열륙교**예요? 지금 연늇교로 많이 넘어가 있습니다. 우리가 어릴 때는 **올리 유**(only yoy)라고 했는데 요새는 **온니 유**라고 하거든요. **온나인**에요, **올라인**이에요? 온나인이 됐죠. ㄴㄹ이 ㄹㄹ에서 ㄴㄴ으로 바뀌어가고 있어요. 지금 현재 언어가 바뀌고 있어요.

권력. **궐력**을 **권녁**이라 하는 사람 없죠. **공궐력**이에요, **공권녁**이에요? 공궐력, 공권녁 어느 쪽으로 가실래요? 단락, **일달락**이 맞는데 **일단낙** 하는 사람도 나오거든요? ㄹㄹ이 ㄴㄴ으로 가는 게 추세라는 거죠. 옛날에 당일리 (당인리), 교물리(교문리), 해알로(해안로)라고 했습니다. 지금은 **당일리**에요, **당인니**에요? 대괄령 삼철리 자전거죠? 누구도 대관녕이라고는 안 하거든요. 광알리(광안리) 가고 광알루(광안루) 가시죠? 그런데 당일리, 교물리, 해알로는 제 발음도 조금 문제가 있는 게 저는 테헤란로를 테헤랄로로 발음해요. 저는 철두철미하게 ㄴㄹ을 ㄹㄹ로 바꾸는 게 습관이 되었는데 이게 바뀐 지 얼마 안 됩니다. 옛날에 제가 고등학교, 대학교 다닐 때 선생님들이 **괄렴논** 했지 관념논이라 한 분은 하나도 안 계십니다. 예전에 저희를 가르치신 선생님들은 모두 **괄렴논**이라 했습니다. 그러니까 괄렴논입니다. 실렴 (신렴), 달렴(단렴). 어느 틈에 다 바뀌었죠?

제가 '달아 달아 밝은 달아' 배울 때 철런말런 살고지고 철런말런 살고지고로 배웠어요. 그런데 요새 애들은 보니까 천년만년 살고지고라고 합니다. 철런말런을 기억하는 40대가 있을지도 모른다는 생각이 들어요. 설람설려 (선남선녀)나 설롱탕(설렁탕). 아까도 제가 할람동 가자고 실수했다는 게 할람동, 월람동, 궐롱동, 절롱동 이렇게 하던 발음이 남아 있어서죠. 저도 요새는 요령이 있어서 차를 잡거나 어디 가서 길을 물어볼 때는 원남동 어떻게 가냐고 물어봅니다.

이런 것들이 제가 살아생전에 변한 거예요. 아까도 말씀드렸습니다만 제가 유학 갔던 그사이에 정변도 있었고 서울의 인구가 두 배 이상 늘어났고 사회적·경제적 현상이 급격히 바뀌면서 언어도 거기에 따라서 안 바뀔 수가 없었을 겁니다. 확 바뀌었죠. 그래서 저는 운이 좋다고 할 수밖에 없는 게, 발음을 지키는 데 있어서는 가장 이상적인 삶을 살아왔다고 생각합니다. 발음이 완전히 바뀔 때는 나가 있었고 들어오자마자 맡은 일이 그 이전에 60세 이상부터 있던 발음들을 조사하는 일을 했고 그다음에 사전 편찬하는 일까지 했으니까 저 나름대로 발음을 고정시킬 수 있는 기회를 가졌다고 생각합니다. 옛날엔 김승환 아나운서라든가 이규항 아나운서 같은 분들이 저를 칭찬하고 웬만하면 '야, 유 교수한테 전화해봐.' 이랬는데 지금은 그런 선배들이 없어요.

그다음에 서, 너, 석, 넉의 문제인데요. 석 장, 넉 장, 서 말, 너 말, 서 푼, 너 푼 했던 것. 지금 다 사라졌죠? 지금은 커피 넉 잔 주세요 안 하죠? 커피 네 잔 주세요 그러죠? 서 푼 너 푼은 어차피 안 쓰는 말이니까 넘어가죠. 정거장은 옛날로 거슬러 올라가도 석 정거장, 넉 정거장 안 합니다. 이런 것들이 쓰이던 시절이 끝난 다음에 정거장이 생겼어요. 규칙이 사라진 다음에 정거장이 생기니까 세 정거장, 네 정거장 그럽니다. 세 시 삼십 분 보시면 아시겠지만 시간만 따질 때는 한, 두, 세로 했어요. 분 개념이 들어왔을 때는 한자 개념을 가지고 씁니다. 그래서 외국 사람들이 우리말 배울 때 시간은 너무 힘들다 그러거든요. 왜 삼 시 삼십 분이 아니라 세 시 삼십 분이냐고 하죠.(청중 웃음)

언어는 변한다

결국은 언어는 변합니다. 헤라클레이토스(Heracleitos, BC 540?~BC 480?)가 판타 레이[Fanta rei], 모든 것은 흘러간다, 모든 건 변하기 나름이다, 변할 수 밖에 없다고 얘기했고 그리스 속담에 '변화는 슬픈 것이다'가 있습니다. 제가 오늘 하고 싶은 말은 변하는 건 어쩔 수 없고 막을 수 없지만 변하는 것은 슬픈 일이에요. 그리고 언어의 변화를 막을 순 없고요, 늦출 것이냐 내버려둘 것이냐의 문제입니다.

결국은 언중들이 바라는 대로 가면 될 것 아니냐 그러는데요, 지금 제가 공부한 그리스어 경우에 성경책을 초등학교 졸업하면 다 읽습니다. 언어가 안 변해서 그래요. 그다음에 세상에서 가장 말이 안 변한 언어 중에 하나가 아이슬란드어입니다. 아이슬란드에서는 고등학교만 나오면 9세기, 10세기 때 자기네들 고대시를 어려움 없이 읽습니다. 그러면 그런 사람들한테 전통교육을 강조할 필요가 없어요. 여러분이 15세기에 나온 글을 줄줄 읽을 수 있다면 전통교육을 강조할 필요가 없지 않습니까? 우리는 지금 100년 전에 나온 글 갖다 놓으면 못 읽어요. 〈한국 사찰과 그리스 신전의 건축학적 구조〉라는 86년에 나온 제 박사학위 논문이 있는데 그걸 복사해서 미술사학하는 사람을 줬더니 못 읽겠대요. 주제가 사찰이니까 거기 나오는 한자가 좀 만만해요? 그림의 떡이라고 그러면서 누가 번역해줘야 된다는 거죠. 한자의 음 달아주는 걸 부탁하더라고요.

언어는 변하는 것을 될 수 있으면 막아야 합니다. 막아야만 다음 세대의 비용이 줄어듭니다. 20~30년 후에 제가 쓴 글을 다음 사람이 읽을 때 공부를 해야 된다, 이건 손해죠? 그래서 어느 나라든지 언어 변화를 늦추기 위해서 표준말 교육을 시킵니다. 그런데 우리나라는 거의 투자가 안 됩니다.

언어 교육에 투자가 안 되고, 투자할 돈으로 다 영어를 가르칩니다. 영어가 더 많이 들어오게 되면서 언어가 더 빨리 변합니다. 완전히 손해 보는 짓을 하고 있어요.

앞으로 100년 후에 우리나라 한글이 어떤 위치에 있을까를 한번 생각을 해보시죠. 문자학적으로 봤을 때 한문은 제일 원시적인 문자입니다. 문자학적으로 봤을 때 한문은 갖다 버려도 될 정도로 원시 수준을 못 벗어난 문자예요. 거기서 겨우 벗어났다고 할 정도가 일본의 가나, 음절문자입니다. 그런데 외국 사람들이 어느 걸 배우겠어요. 예, 한자를 배워놓으면 읽을 게 얼마나 많아요? 동양 전체를 아우를 수가 있기 때문에 어려워도 한자를 배웠어요. 일본 가나 배우겠어요, 우리말 배우겠어요? 일본어를 배워서 가나만 읽을 수 있으면 전 세계의 최고의 지식원으로 어떤 분야든지 첨단을 쫓아감에 있어서 전혀 부족함이 없습니다. 한글을 배워서는요? 아이돌 노래나 좀 쫓나? 지금 한글의 가치가 무엇일까요? 한글 잘났다는 거, 100번 자랑하면 뭐합니까? 저도 언어학자고, 세종대왕의 후손으로서 세계 최고의 문자를 만들었다는 데 자부심을 가지고 있고요. 한글이 잘났다는 걸 얼마든지 자랑하고 싶어요. 하지만 잘난 글자 가지고 우린 뭐하고 있느냐는 거죠. 다 영어로 논문 쓰라고 하죠? 이렇게 해서 100년 후에 교수들 중에 아무도 우리말로 논문 안 쓰게 되면 한글 가지고 뭐할 게 있을까요? 논문 읽을 게 없는데 뭐 때문에 한글을 할까요? 요새 영어로 논문을 쓰다 보니까 우리말로 된 소장할 자들의 책이 안 나옵니다. 오주석 같은 친구들이 40대에 냈던 그런 명저들이 30-40대 수준에서 안 나오고 있습니다. 유홍준 선생이 《나의 문화유산답사기》 책 냈을 때가 몇 살이에요? 93년도에 히트쳤을 때가 30대 초반이었습니다. 그런 사람들이 지금 있나요? 보이지 않습니다. 이제 한글로 할 일이 점점 없어진다 이겁니다. 한글 배워봤자 읽을거리 없고 배울 게 없으면 그때 뭐하겠느냐는 생각입니다.

지금 영어로 논문 쓰는 걸 세계화의 도도한 흐름 속에서 누가 막겠습니까. 막아서봤자 휩쓸려 내려갈 뿐입니다. 그게 중요한 게 아니고요. 우리가 한글로 된 무엇을 남길 것이냐, 어떤 글을 남길 것이고 어떤 책을 남길 것인가가 중요합니다. 글이 한글로 잘 고정이 되어 있으면 언어가 잘 안 변합니다. 아이슬란드나 그리스는 문헌정책이 굉장히 강한 곳입니다. 그런 곳은 언어가 잘 안 바뀝니다. 문자가, 글이 흔들리면 말이 흔들려요. 그러면 민족 정신이 흔들립니다. 100년, 200년 지나고 나면 이전 사람들이 하는 얘기를 하나도 못 알아들으니까요. 저만 해도 한문을 못하니까 추사나 퇴계나 율곡이 뭘 했는지 별로 관심 없어요. 저는 오히려 플라톤이나 아리스토텔레스가 훨씬 손에 잘 가서 닿고요. 그걸 읽을 때 배우는 게 더 많습니다. 그래서 어떤 언어로 글을 남길 것이냐, 자기의 생각과 알고 있는 지식을 무엇으로 남길 것인가를 심각하게 생각해봐야 됩니다.

저도 젊어서 영어로 논문 쓰고 다니다가 어느 날 갑자기 회의가 오더라고요. 제가 그리스에서 외국인으로 그리스어로 그리스어에 대한 언어학 박사 1호이고 아직까지 뒤를 잇는 사람은 없습니다. 그때를 생각해보면 내가 한국 언어학에 한 게 아무것도 없더라고요. 물론 그리스 정부 장학금을 받았기 때문에 그만큼 해줬어야 했겠죠. 그러나 그걸 계속할 생각은 없었습니다. 그래서 한국에 와서 제일 먼저 한 게 우리말 역순 사전 만들고 우리말 발음 사전 만들었습니다. 내가 한국 언어학자인데 한국어에 대해서 뭘 해야 하지 않겠느냐, 해서 그 작업을 시작한 겁니다. 《터키 1만 년의 시간 여행》은 터키에 대해서만큼은 영어로 된 책도 이 책보다 좋은 책 없다, 터키에 대해서라면 다른 나라 말 볼 필요 없다고 해서 쓴 책인데 그걸 몰라주더라고요.(청중 웃음) 그러니까 그런 책들이 많이 나와야 한다고 생각합니다.

국어의 정보화를 위해서는 국어로 얻을 수 있는 정보를 많이 만드는 게 먼저입니다. 그렇게 해놓고 나서 그 정보처리를 하든지 말든지 해야지, 처리할 정보도 안 만들어놓고 뭘 가지고 하겠다는 건지…. 그다음에 세계화, 좋습니다. 우리 것 다 잃어버리고 세계화하면 뭐합니까? 우리 것이 없는 세계화는 있을 수가 없습니다. 중국 학문을 지난 이천 년 동안 쫓아서 한민족이 얻은 게 뭐 있습니까? 다 중국한테 줘버렸죠.

하나만 더 얘기를 해야겠네요. 영문학에서 20세기 훌륭한 작가로 제임스 조이스, 버나드 쇼, 오스카 와일드를 들 수 있습니다. 세 사람 다 아일랜드 출신입니다. 최고의 시인이 예이츠도 아일랜드인입니다. 《걸리버 여행기》를 쓴 조나단 스위프트, 아일랜드인입니다. 결국은 우리나라 사람들이 일본말로 일본 문학계를 뒤집어놓은 꼴입니다. 그리고 한국 언어는 다 잊어버린 형국입니다. 이것이 지금 우리가 하고자 하는 건 아닐 겁니다. 이 점을 강조하면서 강의를 마무리하겠습니다.

고미숙

서울시민의 행복 철학

《나의 운명 사용설명서》 저자 고미숙은 인간이 할 수 있는 영역과 타고난 천지인, 천지가 부여한 리듬 사이에서 상생상극하는 것, 이를 개운법이라고 하는데 인간이 학교에서 배우는 모든 공부도 천지자연의 모든 법칙을 배우는 것이라고 말한다. 앞으로 서울의 운명이든, 우리나라의 운명이든 지구의 운명이든 어떻게 상생을 하느냐에 따라 사람들의 지도가 판가름 날 것이다. 개인과 사회의 행복, 운명과 관상 등에 대한 생각들을 나누었다.

제 9 강
서울시민의 행복 철학

나는 누구인가

보통은 제가 칠판에 쓰면서 강의를 하는데 이곳 숲속 강의실은 참 근사한 공간이라 새로운 체험인 것 같습니다.

운명이라든가 팔자 이런 말들에 관심이 없는 사람은 없습니다. 모든 사람에게 자신의 운명은 소중하니까요. 자식을 위해서 연인을 위해서 목숨을 바친다고 해도 이것은 자신의 운명을 완성하는 길이지 그 대상을 향한 게 아닙니다. 모든 사람들에게 우주의 중심은 바로 자신이거든요. 그런데 이제 우리는 운명이나 팔자를 사유하는 길을 잃어버렸어요. 삼만 년 전에 인류가 브레인 혁명이 일어나서 머릿속에 천지인天地人이 결합되었답니다. 그냥 먹고 살고 번식하는 이런 식의 동물에서 내가 누구인가가 궁금해졌어요. 그리고 왜 인간이 죽는가를 질문하게 되었어요.

이런 질문을 던지고 보니까 창조할 수 있는 게 없잖아요. 책도 없고 스승도 없잖아요. 그래서 별을 보는 겁니다. 인류의 모든 지식의 시원始原에는 점성술이 있습니다. 지금은 점성술과 과학을 다른 학문으로 분리시켰지만 그 시원을 보면 별을 보고 땅의 지도를 그린 다음에 인간이 어떻게 살아야 하는가의 삼중주로 이뤄져 있습니다.

나는 누구인가는 존재론입니다. 이 세상이 어떻게 이루어졌는가는 인식론이고 천지를 알아야 인간이 어떻게 살아야 하는가, 하는 윤리학이 나옵니다. 지금 하는 공부의 모든 영역 안에 들어옵니다. 삼만 년 전 인류의 머릿속에서 브레인 혁명으로 이를 연결하고자 하는 변화가 일어났다고 합니다. 동양에서는 이를 아주 정교하게 발전시킨 게 오천 년 전에 나온 주역이고요. 주역을 바탕으로 음양오행陰陽五行의 원리가 쭉 진행되어서 몸의 질병과 연관되면 의학이 됩니다.

질병을 알려면 타고난 기질, 선천적인 유전자를 보는데 이건 뭐냐면 타고난 음양오행의 리듬이에요. 어떤 병이 후천적으로 발생을 한다 그러면 거기 맞춰서 치료를 하는 거죠. 이게 음양오행으로 의학을 발전시킨 것이고요. 어떤 사람은 명백하게 생리적인 병이 있어요. 그러면 거기에 맞게 치료를 하는데 몸이 아무 데도 안 아픈데 마음이 너무 괴로워요. 그러면 문제가 풀려도 여전히 괴로워요. 다 가졌어도 이 공허함을 참을 수 없어요.

사주명리학이란 무엇인가

심리의 리듬은 왜 사람마다 다 다른가. 이것이 생리에만 적용되는 것이 아니라 희로애락오욕喜怒哀樂五慾이라는 감정의 패턴과도 연관이 있습니다. 이렇게 결합을 한 게 바로 사주명리학四柱命理學입니다. 사주명리는 태어난 연월일시의 리듬이 내 안에 바코드처럼 찍힌다고 보는 거예요.

목木은 봄의 기운입니다. 봄의 기운은 아주 쉽게 알 수 있어요. 봄에는 새싹이 막 돋잖아요. 이런저런 계획도 많이 짭니다. 매년 계획을 짰다가 배반당하는데 그 짓을 평생 합니다. 봄의 기운이 내 안에 이런 감정을 일으키는 거예요. 가을이 돼서 올해 계획을 짜야지 하는 분은 굉장히 어그러지신 분이에요. 가을에는 그런 거 하지 않습니다. 가을이 되면 추수를 해야 하죠? 추수할 게 없으면 너무 외롭고 쓸쓸해요. 올해는 망쳤고 내년부터 하자고 합니다. 아직 봄이 많이 남았는데도 굳이 내년 봄을 기다립니다. 이게 사계절의 리듬에 따라서 마음에 어떤 행로가 생긴다고 하는 거예요. 봄의 기운을 많이 타고 태어난 분들은 늘 뭔가를 계획하시겠죠. 계획만 하시는 거죠. 계획하고는 그다음에는 안 보이세요. 계획이 좋다고 생각했던 금金의 기운을 많이 가진 분들이 그걸 수습하고 계십니다. 그래서 항상 어떤 분은 저지르고 튀는 식의 먹튀(먹고 튀었다의 줄임말)를 하시죠.(청중 웃음) 어떤 분은 늦게 움직이면서 감당하시고요. 이런 식으로 사람마다 다른 종류의 리듬을 갖고 있는 것, 이것이 사주명리학입니다.

사주명리학은 기본적으로 음양오행이라는 기본 코드를 쓰지 않습니까? 이 음양오행으로 하늘의 운행을 보고 땅에서 일어나는 사계절의 변화를 보고 내 존재 안에서 일어나는 리듬의 변화를 보는 식의 동양물리학이자 과학입니다. 이걸 믿거나 동의하지 않으셔도 돼요. 그런데 현대과학의 기준에서 미신이라든가 과학의 하위 학문이라고 폄하하는 경우도 있어요. 그렇다면 현대과학은 천지인을 다 설명할 수 있나요? 그렇게 하지 못하죠. 현대과학은 물질의 세계를 아주 정교하게 분석할 수 있습니다. 그러나 물질의 세계를 다 연결해서 사람의 운명을 탐색할 수는 없습니다. 현대과학이 하나의 세상을 분석하는 패러다임이라면 동양물리학인 사주명리학도 또 하나의 인식론에 해당하는 거죠. 과학은 자기 인생에 적극적으로 활용해야 할 자산이지, 어느 게 더 우위에 있다거나 폄하할 수 있는 건 아닙니다.

20세기 이후 한국은 근대화가 빨리 이뤄졌습니다. 과학과 자본이 사람들의 삶을 빠르게 지배하기 시작했어요. 모든 기준이 그것이 되었어요. 그래서 행복에 대해서도 일종의 양적 법칙으로 생각합니다. 그러니까 '좋은 게 많아야 돼, 집도 커야 돼, 집에 정원도 있어야 하고 집 안에 카페도 있어야 해'라고 바라죠. 제 주변에 그런 친구가 없어서 몰랐는데 어떤 집은 엄청나게 크고 정원도 있고 카페 같은 공간도 있더라고요. 아무튼 집이 너무 멋져요. 그런데 그 집에 혼자 살아요. 이런 천인공노할 만행이 있습니까?

〈별에서 온 그대〉라는 드라마를 보면 400살을 산 외계인이 어떻게 그렇게 돈이 많고 도서관도 있는 그런 집에 달랑 혼자 살 수 있을까요? 그런 도서관은 공개해야 합니다. 주방과 카페가 그렇게 크면 일주일에 한 번은 파티가 열려야 합니다. 조선시대에 99칸 대갓집에는 사람들이 끊임없이 드나들었습니다. 사람이 드나들지 않고 객식구가 없으면 저 집은 인심이 흉악하다 하여 바로 명예가 실추되었죠. 그런데 지금은 집이 일단 크고 아름다워야 하고 인테리어는 화려하게 해놓고 사람은 혼자 삽니다.

예전에 아파트 광고를 보면 멋진 아파트에서 여주인이 긴 드레스를 입고 와인잔을 들고 왔다 갔다 하고 있어요. 그것은 집이 아닙니다. 집은 사람이 북적거리는 곳이에요. 이런 걸 기준으로 삼으면 내 집이 얼마나 후지게 보이겠어요. 텔레비전에 나오는 집이 행복의 기준이 된다면 서울시민의 90퍼센트는 자신이 불행하다고 느끼게 되어 있습니다. 이런 게 바로 자본과 과학, 통계가 만들어내는 새로운 종류의 주술이에요. 이 주술에 걸리면 자신의 운명을 통찰할 수도 없고 긍정할 수도 없습니다. 소유하기 위해 노력하면 행복하고 자신이 굉장히 뿌듯할 것 같죠? 하지만 제가 보기에 그렇게 해서 행복을 느끼는 분은 없었어요. 깊이 따지고 들어가면 엄마 때문에 불행해, 가족관계가 안 풀려, 애인이 없어, 애인에게 버림받았어, 직장에서 사람을 보는 게 너무 힘들어, 다 그런 식이죠.(청중 웃음)

모든 내용은 '관계'에 있어요. 천지인의 관계는 운명이거든요. 사람의 일생도 관계가 결정합니다. 그런데 이에 대한 탐구는 너무너무 없어요. 정치, 경제 모든 분들이 통계적으로, 양적으로 행복을 다 주려고 하고 달라고 합니다. 가령 정치공약으로 도로를 뚫어준다, 시스템을 만들어주겠다, 시설을 만들어주겠다고 하고서 실제 해줬는데 그 안에서 어떻게 관계가 구성되는가는 연습하지 않았기 때문에 막상 만나면 어색해집니다.

이것의 결정판은 가족관계입니다. 요즘은 집이 어떻게 되었냐면 각 방마다 샤워실이 따로 생겼어요. 저는 이게 비극이라고 생각합니다. 그럼 부부간에도 얼굴을 맞대지 않아도 한 달 이상 지낼 수 있어요. 가족 간에 부딪힐 일이 없어요. 예전에는 전날 아무리 싸웠더라도 화장실 가다가 만났거든요. 이런 식으로 했는데 어떻게 부부가 관계를 만들어갑니까?

가정에서 관계가 경직되었는데 밖에 나가서 소통하는 게 편안할 리가 없죠. 낯선 존재를 정말로 두려워합니다. 그래서 궁극적으로 인간은 천지인의 리듬 안에서 인생의 관계를 만들어가는 것이지, 물질이 무엇이냐는 부차적인 것이죠. 그리고 물질 자체가 주는 행복이 아니라 내가 물질을 어떻게 운용하는가에 행복이 달려 있습니다. 용법을 익혀야 합니다. 스마트폰의 용법을 익히지 못하면 스마트폰의 노예가 됩니다. 신문을 보니 스티브 잡스(Steve Jobs, 1955~2011)는 자신의 아이들에게 스마트폰을 하루에 30분도 못 하게 했

답니다. 자기가 만든 프로그램을 잘 모른데요. IT업계의 소유주들은 인터넷이나 스마트폰이 안 되는 곳에 자녀들 교육을 위해 보낸답니다.

사회가 기술과 문명을 어떻게 활용할 것인가에 대한 충분한 소통과 대화가 있어야 하는데, 우리는 일단 물질과 정보가 범람하는 곳에 전부 다 던져 놓습니다. 그리고 굉장히 많은 부작용과 중독상태가 일어난 다음부터 사태를 수습하려 합니다. 이런 식으로라면 어떠한 사람도 이 사회에서 자신이 운명의 주인이 될 수 없습니다.

제가 의학공부를 하게 되었습니다. 의학공부를 하면 병에 대해서 공부를 하게 되는데《동의보감》의 3장쯤 가면 온분육계溫粉肉桂라고 해서 자연의 절기가 굉장히 많이 나와요. 그해의 온기에 따라 병을 고치는 방법이 다르다고 하는데 정말로 그럴 것 같아요. 왜냐면 작년 이맘때가 생각나세요? 가을이라는 걸 알겠지만 어떤 가을이었는지 생각나세요? 분명히 올해 같은 가을은 아닙니다. 자연과 계절에는 마일리지 같은 것이 없습니다. 작년에 좋았다고 해서 올해 날씨가 더 좋아지고 하진 않습니다. 작년에 수확을 많이 했다고 해서 다음 해에 수확을 많이 하리라는 보장이 없습니다. 홍수를 막았으니 내년에는 자연재해가 없겠지 그것도 불가능합니다. 자연은 매년 새로 시작합니다. 예전에 이 기본적인 틀을 몰랐을 때 얼마나 헷갈렸겠어요. 그래서 인디언 중에는 해가 질 때 노을을 보면서 내일도 꼭 떠달라고 기도합니다. 내일 해가 뜬다는 보장이 없었던 거죠.

우리는 내일 해가 뜨는 걸 알지만 내일 내가 살아 있다는 보장이 없다는 것도 압니다. 그러니까 이 자연은 끝없이 새롭고, 새롭기 때문에 만물을 생성시키고, 생성은 곧 소멸로 이어지는 것이죠. 이게 바로 천지가 인간의 영원한 스승일 수밖에 없는 까닭이죠. 사실 인간이 대학에서 배우는 모든 공부도 천지자연의 모든 법칙을 배우는 겁니다. 거기서 기계가 나오고 스마트폰이 나오지 바깥에서 나오지 않습니다.

그러면 왜 우리는 우리 인생에서 자연의 변화를 활용하지 않는가 이런 의문이 들어요. 동의보감에서는 병을 치료하는 데 온기 부분이 굉장히 많이 나오는데 결국 사람 몸에 타고난 온기가 뭘까 이러면서 명리를 보는 거예요. 한의원 중에 명리를 적어 내라는 곳이 종종 있을 거예요. 사주를 먼저 보면 오장육부의 리듬이 보이기 때문입니다. 가령 어떤 사람이 간병으로 쓰러질 확률이 높다는 게 나오면 그 사람은 폐가 기본적으로 약하다는 거죠. 이런 것이 바로 그 원리입니다. 질병을 이렇게 볼 수 있다면 이 사람의 심리도 그렇게 되겠죠.

사주에 목木 기운이 많은 분들은 술을 잘 드십니다. 간이 발달했기 때문에 술을 엄청 잘 소화해요. 대신 이 사람은 간으로 반드시 망합니다. 그러니까 술을 잘 먹는 것이 이 사람을 쓰러뜨려요. 사주에 재물운이 많다고 하면 이 사람은 재물을 많이 갖겠지만 결국은 재물 때문에 무너집니다. 권력에 대한 지향이 많다? 이것도 마찬가지입니다. 재물에 대한 욕망으로 스스로 무너질 수 있습니다. 이런 개연성이나 리듬을 내가 틀어쥐려면 어떻게 해야 할까요? 리듬을 알아야 합니다. 노력해서 되는 건 학교 다닐 때 성적 정도는 돼요. 노력한 대로 성적은 오르지만 그 사람이 원하는 대학에 가는 것과는 전혀 관계가 없어요. 원하는 대학도 가고 사업을 해서 돈을 벌었어요. 그렇다고 내 부모님의 수명을 내가 노력해서 바꿀 수 있습니까? 내 부모님과 내 가족의 수명이 내 재산과 내 인생에 엄청난 영향을 미칩니다. 그래서 인간이 할 수 있는 영역과 타고난 천지인, 천지가 부여한 리듬 사이에서 상생 상극하는 것, 이것을 개운법開運法이라고 합니다.

처음 사주명리를 배울 때, 사주에서 제일 궁금한 게 뭐예요? 돈을 얼마를 버는가, 언제 취업하는가죠. 백수들은 언제 취업하느냐가 궁금하고 정규직들은 언제 그만두는가가 궁금해요.(청중 웃음) 회사 다니기 너무 싫은데 돈 때문에 다니거든요. 그리고 또 하나가 있죠. 언제 애인이 생겨요. 지금 애인이 있는데도 물어보고 결혼을 했는데도 물어봐요. 그래서 결혼한 분에게 또 다른 짝이 있다고 하면 실례되는 말이라서 잘 못하는데 그래도 말해보면 굉장히 좋아합니다.(청중 웃음) 도화살이 있다고 하면 얼굴이 확 펴집니다. 이게 얼마나 무서운 것인 줄 모르고 그러는 거예요. 대부분 역술원에 가면 이런 것들을 물어볼 거예요. 이러다 보니까 역술에서 상담하는 분들도 이렇게 해야 영업이 되니 그런 쪽으로만 설명을 해주는 거예요.

그래서 어떤 고정관념이 생겼냐면 사주팔자를 보는 건 돈하고 권력, 그리고 성, 에로스와 관련된 운을 보는 것이라는 고정관념이 생겼어요. 사실 저도 처음엔 그렇게 생각했어요. 그렇다면 사주명리학은 하위 학문입니다. 이런 혹세무민하는 공부를 뭣 때문에 합니까? 미신 중에 이런 미신이 어디 있어요? 동의보감을 읽고 사주명리학을 공부했을 때 놀라운 것은 인생 전체가 무엇인가라는 리듬이 여기에 있다는 거였어요.

그래서 이 5개의 과정을 알고 나면 큰 감동을 받게 됩니다. 재물운, 당연히 있습니다. 관운, 당연히 있습니다. 배우자운도 마찬가지고요. 그다음에 아이가 공부를 잘하느냐 걱정하는 분도 결국은 재물과 관련이 있습니다. 애가 공부를 잘해서 재물을 많이 벌게 되는 것을 바라죠. 공부는 타고났는데 재물은 한 푼도 못 벌고 세상을 위해서 헌신하겠다, 세상의 훌륭한 멘토가 되겠다라고 하면 그 엄마는 과연 좋아할까요?

프란체스코 교황을 다들 좋아하시지만 교황처럼 내 자식이 결혼도 못 하고 자식도 없고 평생 사람들을 위해서 일한다고 하면 그걸 기꺼워할 부모는 많지 않습니다. 이게 바로 운명이라는 것을 굉장히 협소한 영역에 놓고 보는 겁니다. 부귀영화富貴榮華예요. 부귀영화를 위해서 운명을 보고 부귀영화가 막혔다고 하면 이걸 뚫어달라고 하죠. 부적을 써달라고도 합니다. 그래서 이게 학문으로 존재하는 게 아니라 미신이 존재하는 조건이 미신화되어버린 겁니다.

저도 그런 식으로 동의보감 배울 때 명리학을 먼저 배운 후배가 생년월일시를 달라고 해서 줬어요. 그래서 되게 걱정이 됩니다. 내 사주에 뭔가 흉한 살들이 있는 게 아닐까 하고요. 한편으로는 팔자에 숨겨진 대박이 있을지도 몰라 하고 기대도 합니다. 보통 두 가지를 모두 갖게 되죠. 그런데 별 내용을 말해주지 않는 거예요. 얘가 나에게 뭘 숨기나 생각했어요. 그런데 제가 배워보니 별로 할 얘기가 없어요. 지금 살고 있는 꼬라지가 그건데 그것에 대해서 내가 기피하려고 하는 건 내가 아프거나 내 운명에 큰 걸림돌이 되었을 때 저걸 다가서는 거고 그렇지 않으면 대충 그 꼬라지대로 삽니다.(청중 웃음)

제가 이 명리학을 배워서 이런 식으로 쓰지는 않습니다. 다만 다른 방식으로 활용하죠. 가령 올해가 뭡니까? 갑오년甲午年. 몇 월이죠? 9월입니다. 갑자甲子로 뭔지 아시는 분? 모르시니까 상당히 걱정이 되는 얼굴이네요.(청중 웃음) 연구를 하셔야 해요. 서양학문은 기본적으로 공간 중심입니다. 공간을 점유하는 게 제국주의고 식민지고 자본주의예요. 지금 이걸 바꾸는 데도 굉장히 공간 중심적으로 합니다. 동양학은 시간과 공간에서 기본적으로 시간 중심입니다. 시간의 변화가 아주 중요합니다. 공간은 시간 속에서 끊임없이 변하기 때문에 공간의 고정성을 믿으시면 안 됩니다. 지진이 일어나도 사람 사이의 리듬을 탈 수 있으면 천막을 치고 안테나를 연결해 축구를 보고 아이들을 가르치는 삶이 그대로 연출됩니다. 그런데 공간을 믿고 있다가는 공간은 멋지지만 사람은 없고 청소하는 사람만 있고 그분이 주인인 경우가 되게 많아요. 이런 식의 패러다임을 바꾸는 건데요, 100년 전까지 이렇게 시간을 사유하던 방식이, 이런 지혜가 다 없어졌어요.

다시 생년월일시로 돌아와서, 오늘은 갑오년에 계유월癸酉月입니다. 오늘 일진을 뽑았습니다. 뭔가 심상치 않아요. 여러 가지로 제가 생각지 못했던 복잡한 행사가 생겼어요. 아니나 다를까, 오늘은 기축일己丑日입니다. 저에게 기축일은 상극이에요. 기축일에 대한 아픔이 많은데 이런 날은 집에 있어도 괜히 넘어져서 아파요. 기축일이고 시간대가 뭔가 있나 해서 찾아봤더니 오전 10시도 기사시己巳時라서 저에게 상극입니다. 역시 망했구나 생각하면서 어젯밤부터 다 포기하고 내 마음을 다 비우고 흐름에 따라가는 수밖에 없다고 마음을 먹었죠.(청중 웃음)

그래서 일부러 숲속 강의실에 일찍 와서 원래 길도 못 찾는데 걸어왔어요. 우리가 앞에 있는 운이 나쁘다고 하는 것을 겪어낼 수 있는 방법은 고생을 하는 거여서 제가 고생하려고 걸어왔거든요. 명리학이 물리학인 건 분명합니다. 우주가 도는데 항상 저에게 편안하고 좋을 수는 없잖아요. 이게 어깃장 나는 때, 돈이 나간다는 차원이 아니라, 내 에너지를 많이 써야 할 때 많이 안 쓰면 밖에다 빼앗기게 돼요. 길에서 소매치기를 당한다든지 그런 식이죠. 그래서 사주명리학을 배우면 젊어서 고생은 사서도 한다는 말이 무슨 뜻인지를 알게 됩니다.

너무 많은 대접을 받으면 복을 덜어낸다는, 송복한다는 말이 있어요. 지금은 서비스가 너무 좋은 시대라서 현대인은 굉장히 많은 복을 덜어내야 하는 시스템하에 있습니다. 그래서 현대인은 마음의 병이 많다는 겁니다. 공짜는 없거든요. 하나를 얻으면 하나를 잃는다는 원리입니다. 그래서 옛날에 명이 짧다고 하면 동네 거지 옷을 입히고 이름을 개똥이, 소똥이라고 짓고 절 같은 수행공동체에 갖다 버립니다. '너는 세상에 쓸모가 없어'라는 자세로 갖다 맡기는 게 아니라 버리는 것이죠. 그러면 거기서 최소한의 생존을 영위하게 돼서 남보다 오래 살게 됩니다. 그래서 잃으면 얻는 게 있다는 거죠.

우리는 물질적 부를 얻는 대신, 마음의 질병을 얻은 셈입니다. 그래서 우리나라의 행복지수가 제일 낮다는 부끄러운 통계가 나온 것 아닙니까? 명리학을 활용하면 정말로 인생의 많은 노하우가 생깁니다. 그래서 기축일에 기사시에 태어난 아이는 이런 사주팔자를 가집니다. 그럼 이걸 어떻게 분석하냐면 오늘 태어난 날이 운명의 중심, 기준점입니다. 중심을 갖고 오행을 상생상극하는 별자리를 만드는데 여기에 이런 지혜가 있습니다.

식상

인생의 첫 번째는 식상食傷, 말을 하고 밥을 먹고 끼를 부리고 생식하는 거예요. 이것이 첫 번째 운입니다. 첫 번째는 밥을 타고났는가, 말하는 능력을 타고났는가, 얼마나 끼와 재주를 타고났는지를 분석합니다. 식상이 넘치면 먹고 마시고 방탕하게 놀겠죠. 그래서 균형이 필요합니다. 이 기운이 있어요. 여성들도 식상이 많으면 출산을 많이 합니다. 지금 출산율을 높이려면 식상의 기운을 가진 여성분이 많이 있으면 좋죠.

식상을 보면 우리가 일상에서 하는 말이 우리가 복을 짓는 첫 번째 과정이에요. SNS와 카톡으로 하는 말을 분석해봅시다. 복이 오겠습니까? 참 안

타깝습니다. 그냥 말로 해버리면 끝이라고 생각하지만, 실은 말보다 힘이 더 센 운명의 리듬은 없어요. 참 무서운 거예요. 그래서 불교에서는 구업口業이라고 하면서 구업을 짓지 말라고 합니다. 법정스님이 입적하시면서 자신의 모든 책을 절판시키라고 한 것도 구업을 끝내겠다는 뜻입니다. 그래서 말을 어떻게 할 것인가에 따라서 운명이 바뀝니다.

식상이 여성에게는 자식운입니다. 자식을 잘 키우고 싶으면 엄마가 쓰는 말을 바꿔야 합니다. 그러면 친절한 말을 해야 하는 줄 알고 '사랑해, 미안해, 고마워' 이런 식인데, 이러고 나면 할 말이 없죠. 다음 날에도 똑같이 말합니다. '사랑해, 미안해, 고마워, 다 내 탓이야, 넌 훌륭해, 넌 사랑받기 위해서 태어났어.'(청중 웃음) 이건 치매환자가 쓰는 단어예요. 단어가 열 개가 안 넘어요. 요즘의 대중가요 노랫말을 보고 저는 기절초풍하는 줄 알았어요. '내 꺼 아닌 니 꺼 아닌' 이러고 '이거 저거 이거 저거 뭐 빨개요' 이것도 그렇고 진짜 어떤 노래는 '네 입술이 좋아, 네 바디가 좋아' 이런 게 요즘 히트하는 대중가요예요.(청중 웃음) 문제는 이런 식의 언어를 쓰면 치매를 앞당기는 거죠. 치매의 예방책은 약품에 있는 게 아니에요. 이 흐름을 만들어야 합니다. 말을 연습해야 하죠. 그래서 저희 연구실에서는 고전을 낭독하고 암송시킵니다. 고전을 10분, 20분씩 낭송하는데 정말 멋진 오디션입니다.

재성

말의 흐름을 바꾼다는 게 첫 번째이고 그다음이 바로 재물입니다. 끼를 발휘하고 아이디어를 만들어낸 다음에 재물을 만들어냅니다. 이게 재성財星이라고 하는 운이에요. 재물운이 많으면 좋죠. 여러분도 사주에 재물이 많으면 좋으시겠죠? 그런데 재물이 많으면 내가 재물에 당해요. 상극을 한다는

거죠. 그리고 남성에게는 재물운이 여성에 대한 욕망이에요. 돈이 많은 남성과 결혼을 하면 많은 다른 자매가 생깁니다.(청중 웃음) 돈을 못 벌다가 갑자기 잘 살게 되니까 바람나는 경우가 있죠? 남성에게는 재물에 대한 욕망이 곧 성욕입니다. 지금 주식으로 대박을 원하고 경마로 대박을 원하는 욕망입니다. 이런 욕망은 테스토스테론testosterone이라는 일종의 공격적인 성호르몬을 쓰는 것으로 현대의학에서 입증되었죠.

　돈을 가지고 뭘 하겠어요? 한꺼번에 번 돈으로 기부를 한다거나 효도를 하는 사람은 드뭅니다. 대개 주색잡기를 하죠. 이 욕망이 그렇습니다. 이 부분에서도 저는 깜짝 놀랐어요. 저는 돈 따로 있고 욕망 따로 있는 줄 알았어요. 돈을 향한 욕망 안에 그런 생리적 리듬이 있다는 거죠. 이게 있어야 돈을 벌게 되는 거죠. 그러면 여성은 고민이죠. 돈 많은 남자를 택해야 하는가? 그러면 인고의 세월을 보내야 합니다. 이것을 제어하는 것은 인성이라고 지혜를 연마하는 것밖에는 없어요. 이게 상극인데 돈을 취하면 세상을 향한 공부를 더 이상 안 합니다. 공부를 하면 점점 더 돈이 멀어지죠. 이 원리가 상극이에요.

관성

재물 다음에 오는 운이 관운官運입니다. 재물을 갖고 세상의 지도자가 되거나 다스리는 존재, 다른 사람보다 높이 올라가고자 하는 게 관성官星입니다. 남성은 당연히 서열에 대한 욕구, 많은 이들에게 영향을 주고자 하는 욕구가 있습니다. 이게 사회적인 네트워크고 재물에 집착하게 되는 것보다는 낫죠. 왜냐면 관성은 재물을 순화시키니까요. 재물에만 집착하면 인간관계, 사회적 관계가 다 깨집니다. 가족관계도 깨집니다. 관운은 일종의 관계에 대한 욕망인데 문제는 지배하고자 하는 욕망이라는 겁니다. 지배하는 욕망에 갇혀버리면 학급 반장도 그래요. 그냥 평범한 반원일 때는 관용 있고 남의 말도 잘 듣다가 반장이 되는 순간 표정부터 바뀌기 시작합니다. 평교수일 때랑 총장이 되었을 때랑 완전 딴사람이 되었네라는 말을 많이 합니다. 어떤 책임을 갖게 되었을 때 자기 안에 그런 욕망이 꿈틀합니다. 문제는 이걸 제어할 수 있느냐에 운명이 달려 있죠.

관성이 남성에게는 정치적인 욕망인데 여성에게는 여성의 성욕, 여성의 배우자에 대한 욕망입니다. 여성은 자신의 힘으로 사회적 지위를 얻기보다는 남성을 통해 상승하고자 하는 욕구가 많죠. 그런데 지금 이 사회에는 왜 골드미스가 많을까요? 40대 후반인데 아직 한 번도 연애 경력도 없으시고 본의 아니게 순결까지 지켜버린 아주 안타까운 경우가 많습니다. 재물을 여성이 너무 많이 가졌어요. 예전에는 여성이 직접 나가서 재물과 화폐를 다스리는 경우가 없었어요. 남편을 통해서 내 사회적 관계를 만들었고, 결혼도 대부분 15~16살에 했죠. 그때 결혼은 당연지사이기 때문에 20살이 넘어서까지 안 하면 그게 이상한 거예요. 그걸 목민관들이 알아서 다 짝을 지어주고 심지어 정조대왕은 어느 가난한 노처녀를 위해 폐백까지 마련해줄 정도였어요. 음양이 조화를 이루지 않으면 외로운 독신들이 밤에 외로워서 몸부림치다가 그 기운이 하늘에 올라가면 천지를 얼어붙게 하고 그러면 자연재해가 빈번하게 발생하게 된다는 식이었어요. 참으로 과학적이지 않습니까? 사람의 마음이 얼어붙었다는 건 우리도 느끼잖아요. 표정이 다르고 완전히 얼어붙어서. 오뉴월에 서리가 내린다고 하지 않습니까? 지금은 오뉴월에 이만큼 자연이 굴러가는 게 신통할 뿐입니다. 한을 품은 여성들이 너무 많은 것에 비하면 말이죠.

그런데 여성들이 재물을 갑자기 너무 많이 갖게 된 거예요.《개그콘서트》
에 보면 〈나 혼자 남자다〉 코너는 여성이 대부분이에요. 주변에 남성이 없
잖아요. 어디서 관운을 해줄 거예요? 남성이 많은 것은 청년백수밖에 없어
요. 그렇다면 만나야죠. 이게 사회적 순환인 거예요. 재성에서 관성으로 가
야 하는데 이 흐름을 끊어버린 게 자본주의입니다. 자본의 증식만을 생각하
기 때문에 여성에게 성공하라고, 돈을 벌라고, 그러면 좋은 남자와 결혼할
수 있다는 암시를 하죠. 하지만 실제로 그러면 남성이 일터에서 사라져버립
니다. 그래서 우리가 자연과 문명은 계속 상생상극을 해야 한다는 겁니다.
　관성으로 넘어가는데 관성이 많은 여성은 파트너가 많지만 이 경우는 아
주 드물어요. 지금은 대부분 무관의 제왕들이 많아요. 그러면 솔로의 리듬
을 갖고 있어요. 저는 이게 불행의 조건이 아니라고 생각하는 게, 요즘 굉장
히 흔하니까요. 사회적으로 굉장히 일반화되었다면 그걸 특별하게 결핍으
로 생각할 필요가 없는 거예요. 이게 바로 인문학과 명리학이 만나야 하는
지점입니다.

인성

관성에서 끝난다면 사주팔자가 좀 허무하죠. 그다음 인성印星이라는 영역이
있는데 인성은 도장 인印 자를 쓰고, 공부운이라고 표현을 합니다. 공부는
성적도 아니고 학벌도 아닌 뭔가 추상적이고 인생에 대한 지혜를 탐구하고
자 하는 욕망을 말합니다. 이게 사주에 있다는 게 너무 놀랍지 않습니까?
그래서 아까 제가 얘기했던, 삼만 년 전에 일어난 브레인 혁명이 인간의 운
명을 고스란히 결정합니다.
　인성을 엄청 많이 가지신 분들이 있어요. 그러면 이 사람은 뭔가를 계속

배우기는 하는데 쓸모는 없어요. 돈은 안 생기는데 어딜 가서 배우고 있어요. 학위도 몇 개 따고 장롱 자격증이 수두룩한데 현장에 가서 돈을 벌라고 하면 다시 뭐가 궁금해집니다. 그래서 또 뭘 등록해서 배우게 됩니다. 남성의 경우는 집안이 다 망해가는데 도서관 가서 공부하고 있어요. 그런 분 진짜 있어요. 이런 분 납득이 안 가죠? 어떤 사람은 이치가 밝고 영어도 너무 잘하고 똑똑하고 공부를 잘하는데 번역 하나, 저술 하나 안 해요. 그리고 끝없이 뭘 배웁니다. 이것도 참 중요한데 넘치면 막히는 거예요.

인문학과 명리학

그래서 이 5개의 스텝이 돌아가는 겁니다. 말과 끼를 발휘하고 재물을 일구고 이 재물로 사회적 관계를 만들고 그다음에 존재에 대한 탐구를 하고 이렇게 순환을 하는데 이것이 인생의 생로병사와 맞닿아 있습니다. 태어나면 말을 배우죠. 말을 배워야, 밥을 달라고 할 줄 알아야 먹고 살죠. 이 사회에 편입되기 위해서 아이들이 끼를 부립니다. 가서 안아주고 싶게 끼를 부려요. 10대에서 20대까지는 학교에서 배우죠. 배우고 익혀서 자립을 해야 합니다. 그래서 자기 자산을 일구고 싶어지거든요. 그렇게 해서 결혼을 하고 가정을 꾸려서 40대가 되면 왠지 그때부터 인생이 조금 허무해집니다. 그래서 집을 사죠. 집을 사면 적어도 결혼할 때 느끼는 알콩달콩함이 있잖아요. 그때는 동창회에 가면 누가 어느 아파트를 샀고 어느 차를 샀다는 이야기를 한대요. 그런데 40대가 되어서 상갓집에서 만나면 아무 이야기도 안 한대요. 그냥 술만 마신대요. 자식 이야기도 안 한대요. 자식을 막 낳아서 귀여울 때는 자랑하고 싶어서 난리가 납니다. 텔레비전에서 자주 보잖아요. 저는 그걸 볼 때마다 사춘기가 되었을 때 어떻게 하나 보라지 하는데, 사춘기가 되면 딱 웬수예요.(청중 웃음) 육친관계로도 부모와 자식의 관계는 상극입니다.

사춘기가 되어서 자아의식에 눈뜨면 부모와 자식은 헤어져야 해요. 부모와 자식은 빨리 떨어져야 해요. 그래서 예전에 유럽의 귀족학교는 다 기숙사가 있어서 그곳에서 청년기를 보내요. 부모가 못 키웁니다. 성장한 다음에 와야 대등한 파트너가 되니까요. 40대가 되면 자식하고 어떻게 해야 할지 모르겠고 뭔가 구멍이 생기기 시작합니다. 이게 관성이 필요한 때가 오는 거예요. 40대 후반의 남성들이 하는 것이 야구 보고, 야동 보고, 정치에 대한 불만을 악성댓글로 달고, 술 마시고, 욕하는 것으로 관성을 채우고 여기서도 채워지지 않으면 재성으로 가서 성욕으로 해결합니다. 중년의 위기가 딱 그렇습니다. 관성에서 인성으로 가는 길을 찾아내지 못한 거죠.

저희 연구실에 오는 중년남성들 중 이런 코스를 밟은 분들이 정말 정규직으로 열심히 일하고 대단한 능력이 있는데 40대~50대에 이르러 마음에 이런 구멍이 생겨서 결국은 배우러 다닙니다. 춤도 배우러 다니다가 오신 경우도 있어요. 존재와 세계에 대한 탐구, 인성으로 돌리면 철학자가 됩니다. 정말 놀라운 추진력입니다. 이건 여성들이 미처 못 따라가는 영역입니다. 여성들은 이런 식의 전환을 안 하려고 합니다. 왜 그럴까요? 너무 지적이거나 철학을 연구하면 남성에게 여성으로 인정받지 못할까 두려워서입니다. 자기 삶을 직접 대면하기보다는 남성의 시선을 통해서 봅니다. 이것이 제가 멜로드라마나 대중문화 상품을 비판하는 이유예요.

여성도 폐경기가 되면 자기 힘으로 우뚝 서고 자신 안의 남성성이 나와서 새로운 인간으로 살아가야 합니다. 물론 그때도 사랑할 수 있어요. 사랑과 우정도 중요한데, 이전과는 다른 방식으로 해야 합니다. 그게 인성이거든요. 그런데 자꾸 그전으로 돌아가려고 합니다. 20대와 경쟁하려고 해요. 그러니까 늙지 않는 피부를 열망하여, 끊임없이 피부를 들들 볶게 되잖아요. 그거는 천지의 흐름을 어그러뜨리는 건데 그럴수록 불안해집니다. 늙고 병들어 죽는 것을 공포로 여기게 됩니다. 그것은 가장 반여성적인 겁니다.

관성에서 어느 과정으로 갈까요? 돈을 벌 때는 많이 벌면 모든 관계가 좋아질 거라고 생각했었어요. 20대, 30대, 40대가 되면 관계가 더 중요해져요. 어떻게 관계를 만들지 탐구하는 과정에서 남성들은 굉장히 폭력적인 방법으로 가는데 여성들은 20대처럼 젊어지고 예뻐져서 사랑을 받아야 하는 쪽으로 가버립니다. 그러니까 운명의 축에 있는 인성 쪽으로 순환이 안 되는 겁니다.

동양역학의 즐거움

앞으로는 서울의 운명이든, 우리나라의 운명이든 지구의 운명이든 어떻게 관인상생을 할 수 있는가에 따라서 사람들의 지도가 판가름 날 거라고 생각합니다. 인간이든 도시든 문명이든 다 똑같아요. 뭘 요리해 먹고 살지 어떤 말을 하고 살지 경제구조가 어떻게 되어 있을지 사회시스템이 어떻게 되어 있을지 그게 관성이죠. 사람들은 자기 삶과 죽음에 대해서 어떻게 사유하는지를 봅니다. 그래서 외국에 가서 관광을 할 때 보면 대부분은 성당이거든요. 혹은 죽음에 대한 문화예요. 여기서는 죽음에 대한 탐구를 안 하면서 왜 외국에 가서는 그럴까요? 외국의 도시 대부분이 죽음과 관련이 있는 유적지가 많아요. 그런 게 없는 문명은 없습니다.

5개의 과정을 내 인생의 각각의 시절마다 어떻게 조율해나갈 것인가를 생각한다면 내가 내 인생의 주인이 되는 것이죠. 이게 첫 번째 그림이고 그 안에 들어가면 역마살, 도화살, 화개살, 과부살, 홀아비살 등 해서 살들이 득시글거립니다. 살이 너무 많아서 오히려 없으면 허전해져요. 원래 운명에는 이게 다 있는 것이고 삼재三災 이런 것도 다 있으니 운명이 공평해지는 거잖아요. 처음에는 운명에 살이 있을까 봐 걱정하다가 나중에는 왜 나는 살이 없지? 도화살도 없고, 역마살도 없어 허전해합니다. 그래서 인생은 희로애락과 생로병사를 다 내가 겪어나가는 것이지, 어떤 물질의 기준, 성공의 기준을 정해놓고 가는 것은 인생의 반의 반도 즐기지 못하는 것이라는 걸 배우게 됩니다.

10년마다 대운이 바뀝니다. 10년마다 바뀌고, 1년마다 바뀌고, 오늘 하루도 바뀌잖아요. 이처럼 입체적이고 다이내믹하게 변하는 것을 배우는 게 동양역학의 재미입니다. 그래서 처음에는 자신의 운명이 궁금해서 배우다가 나중에는 이 배움 자체가 즐거워져서 내 오장육부와 희로애락이 순환하는 경험을 하게 되는 것입니다.

대담

일상이 행복한 도시, 서울의 미래를 꿈꾸다

김수현　고미숙 선생님과 박원순 시장님을 모시고 어떻게 하면 서울 시민이 행복해질 수 있을까에 대해 시민 여러분과 이야기 나누는 시간을 가져보겠습니다. 오늘 주제가 행복입니다. 시장님과 고미숙 선생님, 행복하십니까?

박원순　행복하지 않은 조건입니다만, 행복하려고 많이 노력하고 있습니다. 그러니까 행복해지더라고요. 원래는 머리가 자꾸 없어질 거라고 예상했는데 상당히 좋아졌죠?(청중 웃음)

고미숙　저는 대체로 행복합니다. 왜냐하면 행복이라는 단어를 의식적으로 떠올리지 않아요. 저는 한 번도 제도권에서 일을 해본 적이 없는 백수라 특별한 노력을 기울이지 않고 사는 법을 터득해왔습니다. 그리고 행복과 불행의 기준 자체가 계속 바뀌기 때문에 저는 대체로 행복한 것 같습니다.

박원순　행복이라고 하는 것을 좀 더 객관적으로 보장하기 위해 노력해야 하는 입장인 거잖아요.

고미숙　그런 기준을 또 계속 해체하는 공부를 해왔고 그런 게 상생상극相生相剋한다고 생각합니다. 기준이 있으면 기준을 향해서 달려갈 수 있는 힘은 생기는데 인생이나 자연은 항상 그 기준을 변화시키기 때문에 기준 밖의 욕망이나 그런 사람들이 계속 생기게 마련이거든요. 기준이 견고해지면 기준 밖의 사람들이 불행해지는 역설을 저는 길거리에서 굉장히 많이 봤습니다. 고전 공부를 열심히 하면 저처럼 이렇게 기막힌 인생역전을 하게 됩니다. 제가 언제 이렇게 시장님 가까이에서 긴 시간 이야기를 할 수 있겠습니까? 어제까지 생각해보지 않은, 인생의 반전이거든요. 이 반전의 핵심은 제가 고전을 공부했다는 것말고는 없어요. 고전 공부를 하면 이런 인생의 영광을 봅니다.(청중 웃음)

박원순　제가 예전에 공동체 탐방에 관해서 고미숙 선생님에게 인터뷰를 하러 간 적이 있습니다. 고미숙 선생님 스스로 공부를 해서 스스로 행복해지는 것도 있지만 본인의 그런 삶의 역정이나, 문학 공부를 통해서 많은 사람들에게 영향을 주고 많은 사람을 행복하게 해주잖아요. 그 비결이 뭔가 인터뷰를 한 적이 있고요.

　제가 시장이 되기 전 백두대간을 걸으면서 한 50일을 산에서 걷고 자고 했던 적이 있었어요. 그때 취미활동을 인생의 직업으로 계속 이어갈까 생각을 하면서 계획했던 것 중 하나가 부탄에 가서 한 달을 머무는 것이었습니다. 부탄이 행복지수가 최고로 높은 나라잖아요. 마침 부탄 출신의 대학원생이 희망제작소에서 인턴을 하고 있었고 나중에 부탄에 가려고 그 학생의 주소를 받아놓았는데, 그 산에서 이상한 일이 벌어져서 이렇게 시장이 된 거예요.

고미숙 갑자기 관운이 들어온 거지요. 이런 게 운명입니다.

박원순 그때 부탄에 가서 경제적으로는 풍요롭지 않지만 무엇이 이 사람들을 행복하게 할까 알아보고 싶었고요, 또 하나는 제가 영국에 잠깐 있을 때 영국 정부는 영국의 행복지수를 만들기 위해 노력하더라고요. 그 회의에 가보니 영국의 런던정경대학교와 영국에는 공동체부가 있는데 일명 Ministry of Local Communities라고 해서 장관과 지역활동가들이 모여서 회의를 하는 걸 보았습니다. 그들이 행복지수를 위한 조건으로 세 가지를 꼽더라고요. 물질적 조건도 행복을 주는 하나의 요건이기는 하나 그 외에 소속감, 그러니까 어떤 공동체에 소속되어 있다는 느낌이 있냐에 따라서 행복이 좌우된다는 커뮤니티 그 자체입니다. 그리고 사람이 혼자만 살 수 없지 않습니까? 지역사회나 지역공동체가 행복을 준다고 해서, 물질적 풍요, 소속감, 3대 요인이라고 해서 그걸 기준으로 해서 행복지수를 개발하고 있는 거예요. 참 인상적이었습니다. 우리 서울시를 위해 서울연구원장님, 연구 좀 해주세요.

김수현 제가 이 대목에서 마침 연구원장스러운 개입을 하겠습니다. 지금 부탄 말씀하셨고 행복지수 말씀하셨는데요, 서울이 경쟁력 기준으로 보면 세계 6, 7위까지 들어왔습니다. 경제적 활력이라는 점에서는 세계적으로 앞서나가고 있는데 삶의 질 만족도 내지는 행복지수를 조사해보면 우리나라보다 훨씬 가난한 나라보다도 행복지수가 낮거든요. 세상이 행복하지 않은 조건인데 개인은 행복할 수 있는가가 고민입니다. 아까 두 분이 대체로 행복하시거나 행복하기 위해 노력한다고 하셨는데 사람 모두에게 물어보면 과연 우리가 행복할 수 있는 사회적·경제적·공동체적 조건을 갖추고 있느냐고 하면 고개를 갸웃거리거나 흔드는데요. 그렇다면 다음 질문으로 세상이 아파하는데 개인은 행복할 수 있을까요?

고미숙　사람들은 흔히 행복이라는 것을 즐거움이나 쾌락의 동의어로 생각하는 경향이 있어요. 늘 즐거워야 하고 많은 사람의 사랑을 받아야 하고 그건 동양고전적인 행복이 아닙니다. 행복은 희로애락 전부가 포함되는 거예요. 그것을 주인으로서 느껴야 합니다. 자본주의는 상품을 계속 팔아야 하기 때문에 '행복하세요'라는 상품으로 소비하게 하고 그럼으로써 소비자가 느끼는 쾌락을 동의어로 씁니다. 당연히 잠깐의 쾌락은 그 뒤의 긴 허무함과 자존감이 떨어지는 느낌을 갖게 하거든요. 이 반복의 틀 안에서는 그 누구도 행복하지 않습니다. 그래서 이 기준을 바꾸는 것이 행복을 위한 가장 첫 번째고요.

두 번째는 항상 남에게 인정받아야 한다는 것을 버려야 합니다. 제가 공동체에서 있으면서 다양한 사람을 만나게 되는데 20대 중에 텔레비전을 못 보는 사람들이 있어요. 텔레비전에 나오는 자신과 비슷한 나이 또래의 아이돌 스타의 성공을 보면 울화통이 치민다고 해요.(청중 웃음) 스포츠 스타들이 금메달을 따면 비슷한 나이에 강남의 성공한 정규직을 가진 사람들조차 재는 몇십 억을 버는데 왜 나는 1억밖에 못 벌까 이렇게 분노가 치밀어서 우울증에 걸린대요. 이런 행복을 어떻게 채워줄 수 있습니까? 그래서 이런 식의 인정 욕망을 너무나도 당연시하고 계속 소비를 하고 있거든요. 이런 조건에서는 점점 더 불행해질 수밖에 없고 스스로 불행하다고 자기암시를 하는 게 아닐까라고 생각을 해봤습니다.

박원순　고미숙 선생님의 말씀에 동의합니다. 사실 사람은 시련과 고통 속에서도 행복할 수 있다고 생각하거든요. 저도 개인적으로 보면 변호사로서 돈 잘 벌고 적절한 사회적 지위를 가질 수 있었는데 그걸 버렸잖아요. 대신 자발적 가난과 사회운동의 길에 들어섰는데요. 행복을 버리고 불행을 자초한 것 아닐까라고 생각하는 사람도 있지만 저는 실은 너무나 행복했거든요.

BMW족 들어보셨죠? 버스BUS, 지하철METRO, 걷기WALKING.(청중 웃음) 버스, 지하철 이용하고 백팩 메고 돌아다니면서 제가 하고 싶은 일을 하는 것에서 굉장한 즐거움을 느꼈어요. 그런데 우리 사회는 집, 땅, 차가 있어야 행복한 것처럼 여기잖아요. 실제는 아닌데 그런 인식을 갖게 하는 우리의 교육이나 사회구조적인 문제가 있는 것이지요. 종교, 인문학 이런 분야에서 이를 계속 바꿔줘야 합니다. 현재 행정가로서 정치인으로서 저는 그런 생각을 바꾸는 제도를 고민하고 교육기관을 바꿔가는 고민을 많이 하고 있습니다.

행복의 조건이란 무엇일까요? 우리가 새로운 관점에서 행복지수를 만들어내야 하는 게 아닐까요? 예를 들어 서울은 산악도시거든요. 서울 전체를 아우르는, 170킬로미터에 달하는 둘레길도 데크를 까는 등 최소한의 인공적인 가미만 해서 산책길을 많이 만들 수 있어요. 그리고 숲속 유치원을 매년 10개씩 만들고 있는데 이런 것들이 외형적인 행복의 조건들을 갖춰주는 시市정부의 노력일 수 있죠. 여러 방면에서 같이 추구해야 한다고 생각합니다.

고미숙　제가 한 10년 전부터 고전평론가로 전국을 다니면서 강의를 하게 되었어요. 아마 저보다 국토순례를 많이 한 분이 없을 텐데 제가 다닌 곳은 도서관이나 아카데미, 학교거든요. 10년 전에는 항상 리모델링을 하거나 공사 중이었습니다. 그런데 2008년, 2009년이 되니 아주 근사한 공간이 많이 생겼어요. 먼 시골에 가도 도서관이 몇 개씩 되고 도서관이 다 친자연적이면서 디지털화되어 있습니다. 문제는 시설은 완벽한데 사람은 없는 거예요. 그래서 저희 같은 백수공동체는 너무나도 많은 혜택을 누립니다.(청중 웃음) 저희는 필동, 남산 밑에 있는데 남산공원을 저희의 사적 공원으로 쓰고 있어요. 관리도 필요 없고 안전과 청소 모든 걸 완벽하게 서울시에서 해줍니다. 그곳에 터를 잡을 때, 임대료는 비싸지만 무한한 가치가 있다고 생각해서 기꺼이 그 돈을 지불해도 된다고 생각했거든요.

그런데 이걸 서울시민들은 적극적으로 향유하지 않는 것 같아요. 시골에 가도 마찬가지입니다. 시설은 넘칩니다. 그리고 그것을 지원할 만한 국가적인 시스템이 되어 있어요. 도서관에서는 책을 무한하게, 이 문제는 책을 읽고 함께 생각할 공동체가 형성되어야 하거든요. 그래서 저는 앞으로 도서관이 정치, 경제학의 핵심이 될 거라고 생각해요. 이에 대해 확신을 하는 게 남녀노소 세대와 계층을 가로질러 모이는 곳은 도서관밖에 없습니다. 도서관 인문학 강의를 하면 너무나도 다양하고 이질적인 계층과 세대가 모입니다. 또한 일상적으로 모일 수 있습니다. 다른 종류의 활동은 이게 불가능합니다. 여기에서 사람과 사람이 만나도록 정치는 일종의 매니저 역할을 해야 합니다. 지금 골드미스도 너무 많잖아요. 그럼 구청장님이 중매를 많이 하셔야 합니다. 그 구에 사는 골드미스와 청년 백수를 연결해준다든지, 부의 재분배를 위해서 굉장히 중요한 일이거든요.(청중 박수)

이게 사람살이에 개입하는 행정, 이것만 있으면 저는 물적 자산을 200퍼센트 활용할 수 있다고 생각하는데 지금 30퍼센트도 활용하지 못하는 것에서 안타까움을 느꼈습니다.

박원순 행정의 패러다임이 많이 바뀌는 것 같아요. 예를 들어 사람이 중심이다, 행복이 중요하다 그런 것 말이지요. 과거의 큰 토목공사들을 이제는 가능한 하지 말고, 하더라도 그것이 사람이 우선시되고 삶의 질에 얼마나 중요한가를 따져서 해야 합니다. 며칠 전에 중랑구에 갔는데, 파주와 구리 사이에 고속도로를 만들고 있더라고요. 이미 그 옆에 북부간선도로가 있고 그걸 그냥 이용하면 되는데 그 옆에 또 하나를 만들고 있는 거예요. 국토해양부가 하고 있는 것이라서 제가 간섭을 못했는데 서울시는 가능한 그런 공사는 하지 않습니다. 대신 인천 경인고속도로를 지하화하여 차는 전부 지하로 가고 위는 공원이 되는 식의 이런 토목공사는 필요하다고 봅니다. 문제는 우리 사회가 그동안 하드웨어 중심의 사회로 왔기 때문에 여전히 예산의 많은 부분을 외형적 인프라를 만드는 데 투입하는 거죠.

고미숙 선생님이 말씀하시는 '그 정도면 되었다. 그 대신 콘텐츠를 공급하는 중요한 정책이 있어야 한다'는 점에 동의합니다. 시정, 정치라는 것이 시민들의 삶 속에 깊숙이 들어가야 합니다. 여러분, '서울아, 운동하자'라는 프로젝트가 있는 걸 아세요? 병이 나서 병원을 가는 것보다 미리 운동하면 좋잖아요. 운동할 수 있는 공간, 많이 만들고 있고요. 5년 동안 체육시설을 공급하는 예산만 250억 원을 잡았습니다. 야구장, 축구장 계속 만들고 있습니다만 아까 고 선생님이 말씀하셨다시피 사람들이 오지를 않아요. 그런 경우는 시민들에게 책임을 돌리기보다는 여러 가지 얽혀 있는 제도들을 살펴봐서 정책적으로 시민들을 이끌 수 있도록 해야겠습니다.

교육의 경우 '놀토 프로그램'이라고 해서 노는 토요일에 아이들이 즐길 수 있도록 4,000여 개의 프로그램을 잡아놓았는데 아이들이 못 와요. 버스를 동원해서 아이들을 실어 나르자고 했는데 아이들이 학원을 가느라 못 와요. 그러다 보니 교육감의 역할이 중요하더라고요. 최근에는 마음이 잘 통하는 교육감이 오셔서 그런 일을 함께 하자고 말하고 있는데 그러려면 교육부의 정책이 바뀌어야 합니다.

최근에 자유학기제가 도입되었는데 온 세상이 학교인데 아이들이 교실에만 있을 필요가 없잖아요. 배움이라는 것은 책에서만 있는 게 아니라 수많은 현장에서 배움이 있고 서울시는 이걸 제공해줄 용의가 있어요. 오늘도 이렇게 좋은 숲을 시민 여러분들께 공개했잖아요. 서울시에는 이런 공간이 정말 많습니다. 서울시도 시로서 좋은 정책을 만들기 위해 노력을 할 텐데요, 시민 여러분들도 왜 이런 곳을 개방하지 않느냐고 요구하셔야 해요. 서울시와 시민이 함께 가는 게 있어야 하지 않을까 싶어요. 결혼을 장려하는 정책, 저도 아주 좋아합니다. 저출산이 큰 문제잖아요. 오늘도 열심히 옆 눈치 좀 보시고요.(청중 웃음)

고미숙   오늘의 주제가 행복이지만 사람들이 가장 불행을 느끼는 건 관계의 불화예요. 관계의 불화가 몸의 질병과 괴로움으로 나타나게 되는 거예

276

요. 그렇다면 이것이 모든 공부와 정치·경제·사회의 중심이 되어야 하는 게 아닐까 이렇게 해서 제가 서양 사회과학이나 철학 중심으로 공부하다가 동양의학공부를 하게 되었어요. 제가 의학, 역학을 공부하는 인문·의역학 공동체를 꾸리고 있습니다. 그런 공동체를 하게 되어서 《동의보감》에 대해 리라이팅을 하게 되고 사주명리학을 배우게 되어서 오늘 강의하게 된 《나의 운명 사용설명서》를 쓰게 되었거든요. 사주는 태어난 연월일시를 가지고 하게 되는 운명의 리듬이에요. 그게 얼굴에 적용되면 관상학이 되는데 사주명리학과 음양오행의 원리는 같습니다. 제가 관상을 깊이 있게 배울 수가 없는 게 사람 얼굴을 뚫어지게 봐야 하는데 이 인상 자료가 너무 난감한 거예요. 책으로만 보면 이게 살아 있는 얼굴이 아니잖아요.

박원순 고미숙 선생님, 오늘 제 관상 좀 봐주세요.(청중 웃음)

고미숙 우리가 보통 이목구비를 보고 얼굴을 판단하잖아요. 요즘 미모의 기준은 눈이 왕방울만 해야 하고 코가 높아야 하고 턱이 좁아야 해요. 그래서 턱을 너무 많이 깎아내고 있지 않습니까? 그런데 관상학을 배우면 가장 중요한 게 귀하고 턱이에요. 일단 귀가 크고 열려 있어야 세상의 소리를 듣습니다. 옆에서 보니까 시장님 귀가 굉장히 길어서 안심했습니다.

지난번 프란체스코 교황이 오셨는데 저는 보통 때 그분의 턱만 봐요. 턱이 정말 길고 너무 귀여우시거든요. 그게 말년운입니다. 이런 기준에서 봤을 때 지금의 성형 기준은 정반대입니다. 실제적으로 사람을 힘들게 하는 지점이 이 지점이거든요. 지금은 남학생들도 성형을 해야 한다고 생각을 하는 시대죠. 지금 전쟁터도 아닌데 왜 얼굴을 칼로 째고 썰고 자르고 있는지 이런 게 정말 몸을 중심으로 보는 실제적인 운명의 지점이라는 거죠.

박원순 말년운이 아무래도 중요하지 않습니까? 제가 말년을 향해 달려가고 있는데 어떤가요?(청중 웃음)

고미숙 하관에 살이 두툼하고 위보다 풍요로우면 말년에 스스로 잘 컨트롤할 수 있는데요, 운명의 핵심은 내 안에 싹트는 탐진치食瞋痴를 조절할 수 있느냐 마느냐예요. 많은 것을 이룬 사람이 한순간에 무너지면 보통은 남 때문이라고 생각하지만 스스로 자멸하는 걸 너무 많이 보잖아요. 자신을 괴롭히는 것은 자신이고 자신을 구하는 것 또한 자신입니다. 그래서 심상에 따라서 관상도 바뀐다고 하는 거니까 이건 개개인마다 달라요. 포인트는 욕망 자체에 있는 게 아니라 이 욕망을 얼마나 잘 컨트롤할 수 있느냐죠. 이걸 억압해서는 안 됩니다. 억압해서 희생하면 더 크게 터집니다. 조화를 이룰 수 있는가에 달려 있습니다.

박원순 운명이라는 게 자신의 손에 달려 있다, 정말 맞는 말씀 같네요. 저는 서울이 산악도시라고 했잖아요. 거기에는 얽힌 사연들이 많은데 용산이 있죠, 용산이 그냥 붙인 이름이 아니라 용과 같이 산자락이 형성되어서 그렇게 불렀는데 일제강점기에 철도를 건설하면서 용의 꼬리에 해당하는 부분을 다 잘라낸 거예요. 그래서 경의선이 지하로 가거든요. 위를 공원으로 만들면서 용의 꼬리 부분을 조금 복원했습니다. 용의 꼬리를 복원했으니 서울의 운명이 좋아질 거라고 퍼뜨리고 다니는데 괜찮죠?(청중 웃음)

● 저는 걷기를 좋아하는데요, 한때 박원순 시장님이 백두대간 종주를 했다고 하는데 저는 오래전에 했고 정맥, 기맥 이런 것도 했습니다. 시장님께서 서울둘레길 170킬로미터를 조성 중에 있다고 하셨는데 일단 둘레길 조성의 원칙이 어떤 건지 궁금합니다. 요새 서울둘레길을 가다 보면 이정표가 중간중간 끊기고 기존의 둘레길도 서울둘레길에 포함되는 게 있다 보니 상당히 헷갈립니다.

박원순 아까 길 부분은 포털 사이트에 검색해보시면 지도는 이미 만들었고요, 한 분씩 다 드리도록 할 것입니다. 서울둘레길은 새로 만든다기보다는 기존에 나 있는 길들을 대부분 존중하면서 가능하면 인공을 지양하는 방식으로 만들었어요. 가능하면 돈 안 들이고 자연 폐목들을 활용하며 표지판을 만들도록 했고요, 최소인공의 원칙을 관철해서 걷기 좋으실 거예요. 서울둘레길 말고 또 구청이 마련한 길에도 좋은 게 많습니다. 도심도 걷다 보면 계속 끊어져 있으니 이걸 연결하는 작업 중에 있고요. 이게 다 스토리와 연결되어 있어서 그걸 고려했고요, 앱도 다 다운가능하고요. 그러니 핸드폰만 있으면 길을 잃지 않게 다양한 서비스들을 제공하려고 합니다. 서울시 웹사이트를 많이 방문해주세요.

● 저는 서울시민으로서 교통문제에 대해 말씀드리고 싶어요. 굉장히 적은 비용과 아이디어로 잘하신 게 올빼미버스입니다. 그런 아이디어와 빅데이터를 많이 활용해서 좋은 정책을 많이 만들어주셨으면 좋겠습니다. 요즘 서울시민들이 걱정하는 부분이 롯데월드와 지반침하, 동공현상이거든요. 서울 시내 많은 고층건물들의 지하가 어떻게

되어 있는지 모른다는 부분이 굉장히 큰 불안감을 줍니다. 요새는 지하철 2호선을 타기도 꺼려지거든요. 그런 문제에 대해서 서울시 차원에서 준비하고 있는 대책이 있으신지요.

박원순 시민들의 질문이 정말 청문회 수준이네요.(청중 웃음) 그런데 크게 걱정 안 하셔도 괜찮습니다. 다행히 서울이 토질 자체가 화강암, 편암이라서 외국에서 볼 수 있는 거대한 싱크홀이 발생할 가능성은 낮고요, 송파 쪽은 그 일대가 옛날에 한강이 흘렀거나 퇴적이 이뤄진 지대이기 때문에 자갈, 모래 등 사암층이 많습니다. 그러다 보니까 지하철 공사를 하면서 명백히 실수한 부분이 있었습니다. 그 부분은 시공회사도 잘못을 인정했고요. 앞으로는 새로운 공법으로 공사할 것이기에 걱정하실 필요는 없고요. 그 외에 작은 동공이 생겨나는 부분은 하수관이 20~30년씩 오래되다 보니까 물과 모래가 함께 흘러가면서 그런 동공이 생겨난 거고요. 걱정 안 하셔도 됩니다. 저희들은 그거 때문에 수십 차례 회의를 하고 전문가들의 찬반 의견을 들어서 제가 꼼꼼하게 확인하고 있습니다. 머리 빠지는 것은 저 혼자만으로 족하지 않습니까.(청중 웃음) 여러분들은 편안하게 계시면 됩니다. 물론 재난이라는 것은 예측하기가 어렵죠. 하지만 인간의 힘으로 우리가 할 수 있는 최선은 저희들이 하려고 하니 불안해하지 않으셔도 됩니다.

● 고미숙 선생님, 박 시장님이 가시기 전에 덕담 내지는 운명을 한 번 예측해주시죠. 무엇을 조심하라든지, 동남향을 조심하라든지요.

고미숙 이거는 사주를 봐야 하고요. 제가 그림을 그릴 수 있는 건 사주명리학입니다. 변화에 대해서 두려워하면 운명의 주인이 될 수 없습니다. 희로애락이 다 행복이라고 생각해야 행복의 맛을 느낄 수 있고요. 상승하고 하강하고 수렴하고 발산하는 건 사계절과 똑같아요. 그 리듬은 천지가 흘러가는 것이고 인간은 그 속에 최선을 다하는 게 자신을 잃지 않는 거예요. 시장님은 굉장히 많이 들으시고 턱에도 살이 많으시니까 자신을 잘 지킬 거라고 생각하는데요, 그래서 저는 시장님이 진짜 행복해야 서울시민도 행복하게 될 거라고 생각합니다.

박원순 지금까지도 행복하기 위해서 노력을 해왔지만 그 말씀 정말 맞다고 생각합니다. 제가 기분 좋고 행복해야 직원분들께 잘해줄 수 있더라고요. 또 직원들이 행복해야 시민들을 행복하게 해줄 수 있잖아요. 사회복지시설에 있는 복지사 여러분들이 행복해야 서비스를 받는 분들에게 더 큰 서비스를 줄 수 있다고 생각하고요. 자신에 대한 통제력을 가져야 앞으로 말년에 운이 좋다고 말씀하시니 좀 더 노력하겠습니다.

에필로그

서울의 재발견

도시인문학 숲속 강의는 이창현 국민대학교 교수가 서울연구원 원장일 때 '우면산 숲속의 서울 이야기'를 발상으로 시작하여 연구과제 〈서울 이야기를 통해 본 서울의 재발견〉을 만든 데에서 비롯되었다. 다양한 분야의 지성인들과 서울시민이 함께 도시의 일상 속 아름다움과 철학적 가치를 부여하고자 인문학 강의 형식으로 기획된 것이다. 또한 대도시 삶 속에서 맛보기 힘든 숲의 여유로움을 즐기며 서울의 이야기를 듣는 것은 어떨까를 생각하게 되었고 매회 150여 명의 시민들이 '서울이라는 대도시에서의 삶'에 대한 강의를 함께 하였다.

서울의 건축, 시간, 공간이 말을 걸다

승효상은 "도시의 가치는 거대한 기념물이나 광장에 있는 게 아니라 우리가 사는 거리에, 난간에, 깃발에 있다"는 이탈로 칼비노의 글을 종종 인용한다. 또 데이비드 하비의 "도시는 이미지보다 서사가 더 중요하다"는 말을 빌려 도시 안에 녹아 있는 스토리텔링이 중요하다고 강조한다. 건축에서 중요한 것은 "우리가 그곳에 같이 있었다"는 기억, 그것만이 진실이라는 그의 이야기는 서울의 건축, 그 자체이다.

오영욱은 서울의 구석구석에 깃든 일상 공간과 공간의 아름다움을 발견하는 방식에 대하여 이야기한다. 그가 도시를 사랑하는 방식은 어떠한가? '사람마다 사랑의 방식이 다르듯 도시를 사랑하는 방법도 다르겠지만 사랑의 속성상 자기가 살고 있는 도시가 행복해지면 나도 행복해진다'는 그만의 도시사랑 방정식이 연장되면 그가 그린 "2030년 소통과 배려가 있는 행복한 도시, 서울"이 보일 것이다.

조한은 공간에 들어섰을 때, 모든 감각을 열고 자기감정에 솔직해진다면 감동을 느낄 것이라고 말한다. 그 공간은 새로운 공간이 될 것이며 우리는 기억할 수 있고, 그때 우리는 또 다른 '우리'가 된다고 말한다. 장소의 기억은 많은 감각들을 유발하고 이는 결국 실존과도 닿아 있다고 함으로써 공간의 기억을 실존적 차원에서 다루며 서울의 시간에 대해 다른 방식으로 말을 건다.

다시 서울을 보다

권기봉의 인문학적 도시산책, 조용헌의 풍수지리, 로버트 파우저의 오래된 골목, 유재원의 서울말과 서울 사투리, 이현군의 옛 지도, 이들을 통하여 서울을 다시 보니 놀라울 만치 새롭다.

권기봉이 거닐며 바라본 서울은 과거의 기억이 많이 남아 있는 도시다.

기억되고 논의되어야 할 서울의 장소들을 제대로 걷고, 이미 걸었다면 '다시' 걷자고 한다. 그것도 오감을 살려서 냄새도 맡고 온도를 느끼며 걷자고 한다. 그가 제안하는 대로 서울을 걷노라면 우리가 생각하는 방식도 달라질 것이며, 그렇게 해서 바라본 서울은 더 이상 이전의 서울이 아니다.

통인동 154-10번지 시인 이상의 집터인 제비다방을 지금의 모습으로 지켜낸 로버트 파우저는 유독 오래된 골목에 가치를 둔다. 서울의 오래된 골목을 바라보며 이론과 자신만의 경험을 토대로 계획되지 않고 융기적으로 형성된 것의 자연스러움, 불규칙성, 다양성을 이야기한다. 그리하여 서울의 오래된 골목에서 잊히고 사라진 듯한 어떤 아름다움을 재발견한다.

풍수지리학자 조용헌은 풍수지리로 보면 서울은 100점 만점의 완벽한 도시라고 말한다. 윷판의 한가운데, 28수 북두칠성, 음양오행 7개의 별 중심에 우리가 있다. 윷판을 압축하면 태극문양이어서 그 음양의 한가운데 서울이 있는 셈이란다. 산으로 둘러싸여 있고 강이 풍요롭게 흐르는 완벽한 풍수지리의 서울에서 서울시민들은 자부심을 가지고 지금보다 더 행복하게 삶을 누릴 수 있다고 말한다.

언어로 보는 도시는 어떠한가? 옛 서울말, 현재 서울말, 사투리로 본 서울은 흥미롭다. 유재원은 아흔두 살 서울토박이 어머니의 생애를 기록에 남기고 옛 서울말과 현재 서울말의 차이를 통해 서울의 과거와 현재를 재구성한다. 앵경, 핵교, 팬지 등 70년대 서울 사람들만 쓰던 사투리는 80년대를 거치며 급격히 사라졌다고 한다. 언어를 통한 서울의 시간을 살펴보니 서울이 달리 보인다.

이현군은 옛 지도로 한양에서 서울까지 어떤 경로로 진행되어 왔는지를 말한다. 그는 서울을 네 지역 즉, 한양도성 안/밖, 한강, 옛 경기도 지역으로 나눈다. 도성 안은 조선시대를 상징하는 공간이고, 도성 밖은 도성과 조선 시대 경기도를 연결하는 곳이며, 성곽이 없어지면서 도시화가 진행되었다. 지리학자에게 장소는 시간의 이야기가 녹아 있는 지층으로 장소를 통해서 이야기를 발견하고 장소가 말해주는 이야기를 전달해준다.

서울을 꿈꾸다

고미숙은 인간이 천지가 부여한 리듬 사이에서 상생상극相生相剋하는 것을 개운법開運法이라고 했다. 자연은 새롭고, 새롭기 때문에 만물을 생성시키고, 생성은 곧 소멸로 이어진다. 말과 끼를 발휘하고(식상), 재물(재성)로 사회적 관계를 만들고(관운), 이 모든 것에서 물러나 자신의 살아온 길과 세상의 진리를 합하여 인성을 펼치는 것이 우리네 인생이라며 사주명리학을 소개한다. "앞으로 어떻게 상생을 하느냐에 따라 사람들의 지도가 판가름 날 것입니다. 오행을 인생의 각 시절마다 어떻게 조율해나갈 것인가를 생각하며 인생은 희로애락과 생로병사를 다 겪어나가는 것임을 깨닫게 되면 내가 내 인생의 주인이 될 수 있습니다"고 말한다.

일상으로 돌아와보니 서울이 정겹다. 대도시에서 행복을 이야기하는 것이 사치스러웠던 시기도 있었지만 지금은 공기를 마시는 것만큼이나 자연스럽다. 박원순 시장과 고미숙은 각각 시장과 강사이기 이전에 작가로도 유명하다. 두 거대 작가의 주제는 이미 교차하고 겹쳐서 수렴한다. 그들이 2014년 9월 "서울시민의 행복 철학"에 대해 이야기를 나누었고, 그들이 생각하는 행복은 분명 차이가 있었다. 그 차이로 우리가 꿈꾸는 "시민이 행복한 서울"은 몽상적이지 않아 실현가능해 보이고 단선적이지 않아 다채로울 것으로 보인다.

인문학 강의가 시작되는 4월은 우면산이 겨울에서 봄으로 가는 중이다. 5월에서 7월까지 숲은 여전히 봄이고 8~9월이 되어야 숲은 여름이다. 봄과 여름의 우면산은 초록의 향연이다. 간혹 내린 비로 흙냄새가 풋풋하고, 신선한 새소리에 간간히 바람이 불어 새로운 공기로 새로워지는 곳, 그곳에서 도시인문학 강의가 진행된다. 2014년 마지막 강의가 있던 10월, 우면산은 늦가을 정취가 물씬 났다. 한차례 바람이 지나고 나면 강의생들이 옷깃을 여미며 자연에 가깝게 밀착되는 표정을 지었다. 투명하게 차가운 날씨였지만 수강생들은 행사 마지막 시간까지 함께하며 배우는 즐거움을 누린다. 이는 앞으로 숲속 강의를 기약하는 데 많은 힘이 된다. 가을은 일 년을 돌아보기에 좋은 시기로 강의행사를 마무리하는 것만큼 뿌듯하고 행복한 것은 없는 듯하다. 겨우내 우면산을 바라보며 이전의 강의를 모아 책을 만든다. 그리고 맞이하는 봄, 숲속 강의를 새로 시작한다.

전 말 숙 (서울연구원 기획총괄)